汉语会通

Mastering Chinese

会通

读写 ② Reading and Writing

总策划　王立新　郑旺全

主编　卢福波
副主编　郑天刚　刘春兰
编著　梁晓萍　汪敏锋

人民教育出版社
PEOPLE'S EDUCATION PRESS

总策划　　王立新　郑旺全

主编　　　卢福波
副主编　　郑天刚　刘春兰
成员（按姓氏笔画排序）
　　　　　于　辉　邓　葵　王毓钧　王雅静　关　键
　　　　　李　敏　刘春陶　汪敏锋　吴星云　吴佳晨
　　　　　杨盼盼　邹雅艳　岳　琨　郑　洁　郭利霞
　　　　　祖晓梅　顾　倩　梁晓萍　温宝莹　董淑慧

总监制　　郑旺全
监制　　　王世友　赵晓非　田　睿

责任编辑　张　君
审稿　　　王世友　赵晓非
英文翻译　戴康锐
英文审稿　Miriam Fisher　　Gaugler Kimberly

书籍设计　刘晓翔工作室
插图制作　金葆工作室
美术编辑　李宏庆

前 言

著名的英国人类学家马林诺夫斯基(Malinowski)认为：把语言看作"行动的方式"比看作"思维的工具"更合适，其富有代表性的口号是"语言寓于行为之中"和"意义见于运用之中"。美国当代语用学家塞尔(Searle)也认为，使用语言就像人类许多其他社会活动一样，是一种受规则制约的有意图的行为。可见，从现代语言学观来看，语言的意义就在于使用。因为你要通过说话来做事情，你要通过说话来与外界接触、沟通，你要通过说话把你的思想、感情、意图传递给他人。既然如此，学习一种语言的目的当然也是如此，那么以汉语为第二语言教学的教学目的，同样也应当以学习者的需要为最终目标，即，以培养学习者运用汉语进行交际的能力为终极目标。

交际能力指哪些方面的内容呢？卡纳尔(Canale)和斯韦恩(Swain)提出的交际能力模型(1980)很有代表性，它包括语法能力、社会语言学能力和策略能力三个部分[①]。语法能力主要指语言规则的运用能力，即语言能力；社会语言学能力主要指社会文化规则和语篇规则的运用能力；策略能力主要指如何根据交际情景的需要，恰当而有效力地发挥语言能力水平、得体适宜地保持交际的畅通进行。

那么我们如何通过汉语教学来培养学习者运用汉语进行交际的能力呢？因为使用语言的目的在于与外部相联系，因此倘若我们能够建构更多的某一具体汉语运用环境，并使学习者有目的地模拟做事，通过做事，了解该语域常用词语的意义，记住常用基本句型的用法，再用它们来描述事情、阐发道理，谈论感受，那么交际能力的培养就有可能实现。在过去的语言教学中，情景、任务、功能等以应用为主旨的教学常常与句型等传统语法教学相对立，这其实不符合语言基本能力培养的原则和精神，因为这二者本应是互补关系。近些年来，从语言处理角度，提到一个"固定语"的概念，即在记忆提取时，该"固定语"会被当作一个"语块"整体处理。这种"固定语"既包括熟语、惯用语一类的语块，也包括"最近怎么样？""天气越来越……了"等格式。瑞易(Wray)和佩金斯(Perkins)(2000)认为，固定性和创造性是语言处理中的两个通道，它们互相补充。创造性系统可以对新颖的、没有想到的话语进行处理并自由地生成这样的话语，但对熟悉的、可以预料的话语，固定性系统的处理会更加经济而高效[②]。基于以上思想、理念、原则，我们在从初到高的整套教材中，力求将二者有机结合，全套教材以语言表

[①] 刘颂浩《第二语言习得导论》，世界图书出版社 2007，P25.
[②] 刘颂浩《第二语言习得导论》，世界图书出版社 2007，P22-23.

达功能的教学为主旨，将主题式的情景功能与句型的应用功能有机结合起来。在教学法上，主要采用后方法时代的教学理念，即不拘泥于某一方法，不做方法的奴隶，博采众长，用公认有效的教学原则指导每一个具体教学环节。基本做法是：

1. 按照输入输出、直接间接方式的不同和在交际中不同技能的表现特征，我们将教材分作读写与听说两大类型。通过词汇量、语言点控制难度，分出不同的水平层次[③]。从最低的零起点1开始，顺序排列2、3、4、5、6共6个层级（全套教材12册）。1、2大致相当于初级阶段，3、4大致相当于中级阶段，5、6大致相当于高级阶段。各层级中的读写与听说两种类型紧密配合，话题一致，以读写为主体，听说在读写涉及的主要词汇、语言点和文化点基础上，进行强化训练并向外辐射，最终达到准确掌握、得体表达、熟练选择、灵活运用汉语的基本目的。

2. 将句法、功能、语篇与以任务、情景为交际手段的汉语应用融合为一，并在此前提下，将相关语言点循序渐进、科学系统地加以组织安排。初级阶段以日常最基本的生活功能任务项为主线，以最必要的基本句型为主体，以最常用的词语为基本词汇，将读写与听说贯穿起来，解决学习者生活中最基本的汉语交际需要；中级阶段仍以主要的生活功能任务项为主线，要求掌握稍复杂、稍灵活的表达形式和部分次常用词汇，将生活内容加以扩展和向广泛领域初步辐射；高级阶段要掌握逻辑性较强的篇章连接手段和功能，学习不同体裁形式的不同表达方式、书面语的表达形式和语体风格以及韵律特征等对篇章的影响和制约，向更加广泛的领域辐射，纳入一定的真实社会生活内容（原声、原材料），部分内容进一步向高层次深入。

3. 以交际功能为主要手段组织课文材料，每一课有一个主题情景，如：购物、旅行、做客、办事、维修、租房、交友、教育，等等。每课首先用3—4个功能表达语段分别解决句型功能和单项情景功能，然后再将它们整合到包含所有句型功能在内的主题情景中，形成课文或听力语篇。这一设计是为了更加适合二语习得的基本规律——精细复述、深层次加工及其非简单地反复重现，有效地记忆和反复地应用。为了培养学习者在主题情景中能更加经济而高效地运用某些可预料的话语，创造性地、举一反三地运用句法结构，我们将句型功能单独列表，提供该功能项的表达意义、使用条件、基本模式及其基本用例。

4. 以交际功能为主要角度突出表现在对功能表达项的一系列处理上。首先，每课前面都有一个"基本功能项及内容"的列表，列有：（1）功能项——该语言点属于哪类功能；（2）本课表达——在本课它的具体功能是什么；（3）基本结构——它的语块模式是什么；（4）举例——具体用例。例如：

[③] 词汇、语法、功能的阶段处理及功能项目参考了以下材料：杨寄洲《对外汉语教学初级阶段教学大纲》；赵建华《对外汉语教学中高级阶段功能大纲》；国家汉办/孔子学院总部《新汉语水平考试（大纲）》中语言功能、词汇、语法部分；国家汉办编《高等学校外国留学生汉语教学大纲（长期进修）》。

层级	功能项	本课表达	基本结构	举例
1	询问	问距离	从 + [地点$_1$] + 到 + [地点$_2$] + 有多远？	从这儿到地铁站有多远？
2	听任	按自己的想法去做某事	疑问代词$_1$……（就）疑问代词$_1$……	你爱吃什么就点什么。
3	不必	做 b 事对 a 事来说是没必要的	V$_1$ 就 V$_1$ 吧，还 V$_2$ 什么（……）啊	来就来吧，还买什么东西啊？

其次，在功能表达中，都有该功能项的具体应用和专项练习；在课文和听力语篇中也都有本课功能项的综合应用和综合训练。

所有功能项的解释、举例、训练都是从功能角度出发，即从用法上、使用条件上、表达意图上进行，力求浅显易懂、典型真实、具体实用。这一点是本教材具有鲜明特色的部分。

5. 二语习得若想达到熟练、顺畅运用的程度，仅靠知其所以然还是远远不够的，必须培养其习惯性，使其能够运用目的语思维，使语言的输出输入、选择调用达到自动化程度，这个目标需要靠大量的训练来实现。本教材从功能角度出发，设计了大量形式多样、丰富有效的练习模式。有借助形象、生动、风趣、幽默的图片来展示生活情景、辅助理解功能使用条件的练习；有大量符合实际生活情景、为完成各种各样交际任务服务的练习。为了保持学习者汉语学习的兴趣，同一内容会有不同角度和形式的训练，绝不简单重复。经过读写的学习训练，配合听说技能的训练，学习者可以基本达到熟练掌握每个学习要点，将功能得体、通畅地加以运用，能够在实际场景中有目的地完成交际活动的学习目标。

6. 该教材将汉语言与汉文化融为一体，展示了大量的生活情景，涉及了广泛的社会领域，这些内容既是汉语言的学习材料，也是了解当代中国社会、生活、理念和习俗的文化材料。初级以日常最基本、最典型、与生活关系十分密切的文化现象为主；中级以日常主要文化现象为主；高级则以主要文化、理念、习俗等为主线，在学习材料中加以充分、深入、广泛的展示。教材每课课后结合本课主题，提供一两篇文化阅读语料，供学习者进一步学习使用，成为本课扩展性学习训练的一个组成部分。

本教材适用对象的范围很广，既可供学习汉语的本科生、研究生使用，也可供各类长短期进修生使用。课时充足的情况下，可将读写、听说配合使用；课时不足时，如短期学习，可以只用读写本。由于海内外及国内各院校对初级、中级、高级的定义有别，本教材没有用传统的初级、中级、高级来定义级别，而是用 1、2、3、4、5、6 来标示不同层级，这样，选用教材时，可以根据学习者的实际水平进行择取。

本教材从酝酿、设计到编写完成，历时三年多，试用了三个轮回以上，应该是符合学习者习得过程的、切实好用的教材。参加教材编写的老师都是具有丰富海内外汉语教学实际经验的、优秀的从教者，他们在担负繁重教学任务的同时，牺牲大量节假日和业余时间，认真负责地完成了教材的编写任务，在此向他们无私的奉献精神致以深深的敬意！对他们为汉语国际教育所做的贡献表示由衷的谢意！教材的完成还有赖于南开大学汉语言文化学院和人民教育出版社的特别重视和强有力的支持。该项目被定为汉院第一重大项目，王立新院长亲自督阵，掌控教材编写的方向大局，并给予足够的资金、人员等物资和条件保障，为教材顺利完成出版，提供了重要保证。人教社领导、编辑多次往返于京津两地，参与教材设计、编写、定稿等过程，既给予了重要的指导帮助，又给予了物资和人员的保障。看到教材精美的排版设计和高质量的审校，我们对未来教材的使用又增添了一份信心。

我们由衷地希望这部教材能够好用，能够为更多院校接纳采用，能够为国际汉语教育贡献一份绵薄之力。但是由于本教材很多方面的处理有所创新、有个性特点，不足不当之处在所难免，恳请使用者提出宝贵意见。

主编　卢福波
2015年元月于南开园

教材使用说明

一、教材内容介绍

《会通汉语·读写2》是《会通汉语》系列教材的第二本,秉承全套教材"功能·情景·任务"三位一体的编创理念,在教材体例、练习设计、语料使用等方面与第一本基本保持一致。

本册教材共十二课,每三课为一个梯度,适用于在目的语环境中已学过四个月左右(约360学时)、掌握1000词左右的汉语学习者。本册教材与《会通汉语·听说2》紧密配合,涉及专业学习、人物描写、方位布局、联系方式、购物生活、饮食方式、健身娱乐、事务办理、租房洽谈、网络社交、约会拜访、旅行出游等12个与基本生存紧密相关的话题,重点训练学习者阅读、写作与口语表达能力。编写者希望通过本册的学习,学习者能阅读并理解与以上话题相关的语言材料,掌握600个左右与以上话题典型情景相关的常用词语,领会200个左右扩展词语及固定语,运用140个左右基本功能项目,就所学习内容进行叙述、说明、描述等,在基本生存领域能够用汉语进行较顺畅地沟通、交流、表达思想情感。

本册教材每课包含六个部分:基本功能项及内容、课前热身、功能表达范例和训练、课文、综合表达训练和文化读本。根据汉语学习者的水平,编写者建议教师每课用8~10课时完成,每三课适当安排小复习,引导学习者复练,以达到循环巩固、稳步提高的目的。下面是各部分的一些特色说明和简单建议,仅供参考。

1. 基本功能项及内容

体现本教材"结构""功能"紧密结合的理念,用表格形式对本课涉及的功能及表达用中英文双语进行提纲挈领的说明,概括典型结构及本课的典型例句。该表一目了然,方便学习者记忆、复练。教师在引导学习者完成课文综合练习及进行综合表达训练时应予以重视。

2. 课前热身

旨在培养学习者的自主学习能力,对本课的主要情景、常用功能句、易错易混汉字、重点词汇进行点要,供学习者课前预习时使用。教师也可在新课开始前通过批阅、课堂巡视、提问、听写、齐读、猜词、抢答等多种方式检查热身效果,对集中性错误予以订正。

3. 功能表达范例和训练

围绕本课的主要话题,选取真实交际中的典型情景从不同角度呈现,注重语料的实用性、鲜活性、趣味性。每课包括四个功能表达及相应的语言表达聚焦和练习。

每个功能表达为4-6句长短的对话，涉及2-3个单项功能。语言表达聚焦是对单项功能进行解释，并即学即练，配以大量的"互动性""合作性"的交际性练习。

在功能解释方面，编者注重结构使用条件和语用环境的解释，力求从本课出发做到简明扼要、浅显易懂。在此基础上，适当对学习者所掌握的知识进行综合与概括，循环上升。例如第2课的"存在句"、第8课的"把"字句、第10课的"连动句"都体现了这一原则。为方便学习者理解，编者对功能解释部分的例句进行了精心筛选，希望教师能充分重视例句在功能讲解方面的作用。

练习分为单项功能的相应练习及2-3个单项功能的综合练习，从半封闭性向开放性过渡，教师可以在课堂上做到讲练结合，精讲而多练。

4. 课文

课文是本课全部功能的综合运用，以帮助学习者进一步消化、巩固本课功能及语言表达为目的。每三课以"对话体2+叙述体1"的形式编排，形成四个梯度，篇幅也逐渐增长。课文之后配有两种从功能角度设计的练习，一为课文综合练习，以课文为本，在理解课文的基础上运用所学功能回答问题；一为课文拓展练习，从本课话题或课文相关文化点延伸出去，引导学习者抒发己见，为综合表达训练做铺垫。

5. 综合表达训练

综合表达训练大致分为理解性、交际性、任务性三种，有完成语段、小调查、小组活动、完成任务、辩论、写作等形式。为培养学习者的语段意识，同时降低学习难度，语段练习紧扣本课话题及主要功能设计，目的是引导学习者复练，同时为下面的交际性练习预热；交际性练习教师可根据教学进度，灵活使用，可课堂，可课后，也可留给相配套的听说课来完成；写作性练习一般与交际性练习相关，为练后写或讲后写，有调查报告、PPT、信件、请柬、微博、广告、贺卡等多种形式，目的在于指导学习者学会各种基本的常用应用文体，降低写作难度，增加趣味性，增强其语言文字的实际应用能力和成就感。

6. 文化读本

文化读本除第12课之外，都是编者结合教学体验写作的短文，侧重从心态文化角度对与本课话题相关的文化问题进行解释。由于注重词汇和功能控制，文化读本既是课外阅读材料，也是文化教学的重要组成部分。建议教师在条件允许的情况下将其视作阅读材料，安排1课时，并适当辅以一些阅读技巧的教学。当然也可以根据学生情况，灵活补充、发挥更为有趣的内容。编者希望学习者能通过文化读本的学习，了解心态文化，加深对中国文化的理解，减少交际障碍。

此外，本册教材在词汇呈现当中，强调复现、语素和语块扩展，以帮助学习者举一反三，进行词汇累积。练习中出现的词语若比较重要，会再次编入功能表达及课文，以方便学生掌握重要搭配。书后附有总词表供学习者检索，编入了功能表达、课文及练习中的基本词语，未收录文化读本中的扩展词语。在词语出处标注方面，"-"之前为课次，之后数字为该课相应功能表达序号，相应练习中出现的词语以"（练）"注明。

二、教材语法术语代码、标记及其他表示方式

1. 词类名称的缩写：

名词	动词	形容词	区别词	数词	量词	副词	代词	拟声词	叹词	介词	连词	助词	语气词
名	动	形	区	数	量	副	代	拟声	叹	介	连	助	语气

2. 语法术语的代码：

名词	动词	形容词	名词短语	动词短语	形容词短语	主语	宾语	表人	表事
N	V	Adj	NP	VP	AP	S	O	sb	sth

3. 语法意义的标记：

（1）在基本结构中，属于可省部分，用（ ）表示。如：（虽然）a，但/可（是）b。

（2）属于语义内容，用 [ ] 表示。如：在+[地点]。

（3）属于该词的下位意义类别，用下标方式。如：$V_{[心理]}$。

（4）表示两项、两件事、两种行为等，用小写 a、b 等表示。

（5）数量短语或数、量是表示数量词性的，用 数量或数、量表示。

（6）个别情况下，为了与其他相区分，主语用"主"、谓语用"谓"等表示。

《会通汉语·读写2》由梁晓萍和汪敏锋共同编写，汪敏锋主要负责功能表达聚焦的功能解释部分并参与书稿修改，其余部分撰写及全书统稿由梁晓萍完成，英文由美国研究生戴康锐（George Dudley）翻译。在编写过程中，王立新、刘春兰等院领导给予了高度支持；主编卢福波教授和副主编郑天刚教授精益求精，严格把关，付出了大量心血；人教社相关领导与编辑亦多次与编写者沟通，在此一并表示诚挚的谢意！

"教无定法，贵在得法"。教师可以根据各自的教学经验和实际情况，创造性使用本教材。如果在教材使用中有任何问题，欢迎批评指正，联系邮箱为 hyliangxp@nankai.edu.cn。

编者
2015年1月于南开园

教材主要人物介绍

8

目录

	基本功能项及内容	课前热身	功能表达范例与训练				课文	综合表达训练	文化读本	
			1	2	3	4				
第1课 我学两年汉语了	2	3	4	6	9	12	14	16	最好的专业	18
第2课 那个人	21	22	23	26	28	31	34	36	最美中国脸	37
第3课 门上挂着一个中国结	41	42	43	46	48	50	53	55	有趣的方位	56
第4课 还是发微信吧	60	61	62	65	67	70	72	75	日新月异的联系方式	76
第5课 就要这个牌子的吧	79	80	81	86	89	91	94	97	购物文化	98
第6课 健康的饮食比什么都重要	101	102	103	105	108	111	113	116	厨师进家门	117
第7课 这种健身方式再好不过了	120	121	122	124	127	129	132	135	全民健身	136
第8课 事情办得好办不好	140	141	142	145	148	150	153	156	爱照相的中国人	157
第9课 要是带家电就好了	161	162	163	166	169	171	173	176	安居乐业	177
第10课 "百度"一下,你就知道	180	181	182	183	186	189	191	193	爱上网络爱上"她"	194
第11课 这是我的一点儿心意	197	198	199	201	204	207	209	212	中国人庆生的习俗	213
第12课 贵就贵吧,舒服就行	216	217	218	221	223	226	229	231	跑得多比不上看得深	233
词语总表					236					
专有名词总表					243					

第 1 课

我学两年汉语了

基本功能项及内容

	功能项	本课表达	基本结构	举例
1	询问 Asking questions	询问原因 Asking the reason for something	S+ 怎么 +V/Adj(+ 了)	你怎么都用上了啊？
2	描述 Description	动作的情状 Describing the quality of an action	V+ 得 +AP/VP	你汉语说得很不错。
3	说明 Explanation	做事的先后顺序 Describing the proper order in which to undertake a task	先 VP$_1$，再 VP$_2$(，然后 VP$_3$)(，最后 VP$_4$)	你先填表，再交学费，然后参加考试，最后办学生证。
		a 是 b 产生的原因 Explaining that "a" has given rise to "b"	因为 a，所以 b	因为对中国经济很感兴趣，所以大四时选修了汉语。
		与 a 相对或相反的 b 情况 Explaining that "b" is contrary to or the opposite of "a"	(虽然)a，但/可(是)b	我(虽然)来中国半年了，但是还不太习惯。
		b 是 a 的目的 Explaining that "b" is the goal/objective of "a"	a 是为了 b / 为了 b，a	我学汉语是为了了解中国经济。/ 为了了解中国经济，我选了汉语课。
4	转述 Relaying information	听到的事情 Passing information on to someone else	听说 + 小句	听说周五举行开学典礼。
5	请求 Making requests	请假 Asking for time off (work, school, etc.)	向 +[人]+ 请(个)假	老师，我想向您请一天假。

	功能项	本课表达	基本结构	举例
6	建议 Giving suggestions	提出最好建议 Giving the best possible advice	最好+VP/小句	你想做饭最好搬到校外住。
7	叙述 Narration	动作或状态经历的时间段 Describing the length of time of an action or state	V+……[时段]	我学了两年汉语。 你等我半天了吧? 我来中国已经半年了。

第一部分　课前热身

1. **看一看，查一查。**
   你是学什么专业的？学汉语多长时间了？学汉语的目的是什么？请你看一看前面的图，查一查图上的词。

2. **认一认，写一写。**

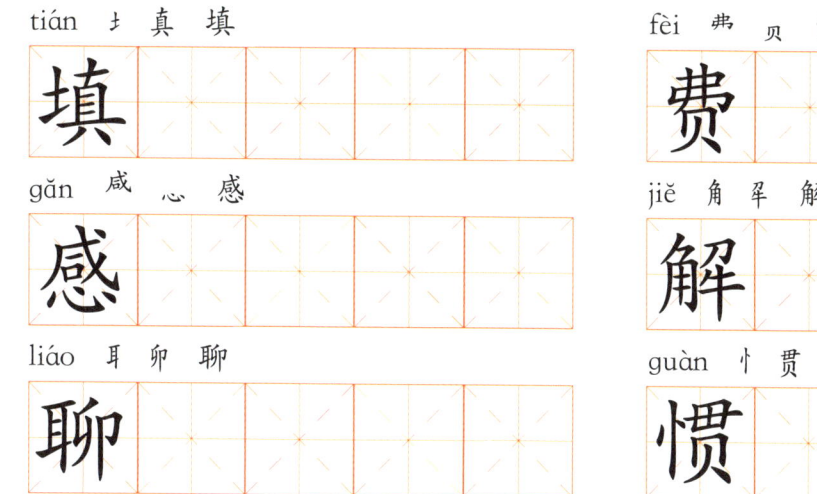
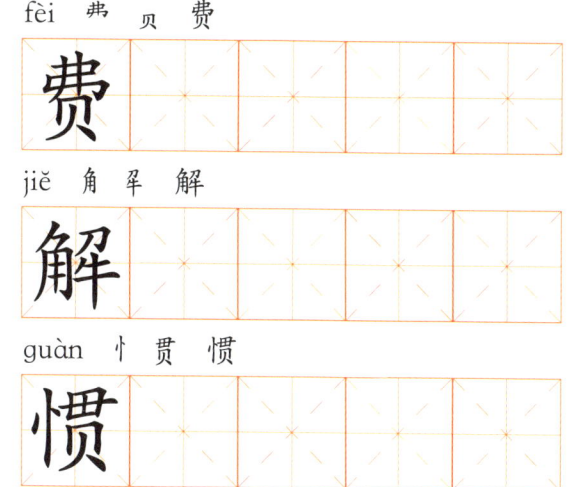

3. 学一学，填一填。

参加　赶快　了解　举行　请假　重要　目的

（1）春节是中国非常_____的节日。

（2）听说星期五下午一点_____开学典礼。

（3）这次运动会，你能_____吗？

（4）我来中国的_____是旅游。

（5）要下雨了，你_____回家吧。

（6）老师，我不舒服，可以_____吗？

（7）你认识他十年了，应该_____他吧？

第二部分　功能表达范例与训练

功能表达 1

学学说明先后顺序（先 VP$_1$，再 VP$_2$（，然后 VP$_3$）（，最后 VP$_4$））**；描述动作的情状**（V+ 得 +AP/VP）

夏　佳：老师，您好！我是来报到的，需要办哪些手续？

李　悦：欢迎你！你是新生吗？

夏　佳：嗯①！是的，我是新生。

李　悦：新生要<u>先</u>填表，<u>再</u>交学费，<u>然后</u>参加面试和分班考试，<u>最后</u>办学生证。快十二点了，你<u>来得有点儿晚</u>，赶快去办吧。

①嗯（ǹg）：表示同意。

1	报到	bàodào	动	to register; to check in	去学校报到
2	手续	shǒuxù	名	procedure; formalities	办手续
3	欢迎	huānyíng	动	to welcome	欢迎光临
4	填表	tián biǎo		to fill in a form	填一张表
5	学费 ~费	xuéfèi fèi	名	tuition fee	交/收学费 电话费；车费；住宿费

6	然后	ránhòu	连	then; after that	
7	参加	cānjiā	动	to join; to attend; to take part in	参加考试
8	面试	miànshì	名	interview	参加/通过面试
9	分班 分~	fēn bān fēn	动	to divide into classes to divide	分班考试 分组；分段
10	最后	zuìhòu	名	final; last	最后一次
11	学生证 ~证	xuéshēngzhèng zhèng	名	student ID certificate	办学生证 准考证；工作证
12	赶快	gǎnkuài	副	to lose no time; hasten	赶快做/回家

一、语言表达聚焦

1. 先 VP_1，再 VP_2（，然后 VP_3）（，最后 VP_4）

   说明做事的先后顺序。

   Describes the proper order in which to undertake a task.

   先 VP_1 → （再 VP_2）→ （然后 VP_3）→ （最后 VP_4）

   例：你先去办公室填表，再交学费，然后参加分班考试，最后办学生证。

练一练：回答问题。

（1）早上起床后，你一般做哪些事？

（2）今天下课后，你打算做些什么？

（3）去公司面试的时候，你会做哪些准备？

（4）在你们国家，办护照的时候要做哪些事情？

2. V+ 得 +AP/VP

   描述动作的情状，也可用于评价。

   Describes the qualities of an action. Can also be used to evaluate an action.

例：（1）他的汉字写得很好看。
　　（2）她干活儿干得流汗了。

练一练：看图说话。

（1）
睡

（2）
穿

（3）
高兴

（4）
疼

二、想一想，说一说

你见到了一个中国学生，你想认识她，你会怎么做？听不懂她说的话，你怎么办？请用"先 VP₁，再 VP₂（，然后 VP₃）（，最后 VP₄）""V+得+AP/VP"说一说。

功能表达 2

学学怎么问原因（S+怎么+V/Adj（+了））；**说明原因**（因为 a，所以 b）；**说明做事的目的**（a 是为了 b / 为了 b，a）

（马克和平田在宿舍里聊天儿）

马　克：平田，你怎么现在才①来中国学汉语啊？

平　田：因为我在一家贸易公司工作，得会汉语。你呢？

马　克：因为中国女孩儿很漂亮啊。

平　田：啊？

马　克：跟你开玩笑呢。我是学经济专业的，因为对中国经济很感兴趣，所以大四时选修了汉语。

平　田：哦②！你学汉语是为了了解中国经济啊。

马　克：是啊，这是我的第一个目的。（笑）第二个目的就是为了找个中国女朋友。

①才：表示时间晚。
②哦（ò）：降调，表示知道了，明白了。

13	目的	mùdì	名	purpose	学汉语的目的
14	聊天儿	liáotiānr	动	to chat	跟朋友聊天儿
15	贸易	màoyì	名	trade	对外贸易
16	得	děi	动	should	
17	开玩笑	kāi wánxiào		to crack a joke; joke	跟……开一个玩笑
18	兴趣	xìngqù	名	interest	对……感/有兴趣
19	选修	xuǎnxiū	动	to take as an elective course	
	选	xuǎn	动	to choose; to elect; to select	选课；选班长
20	为了	wèile	介	in order to; for	
21	了解	liǎojiě	动	to understand	了解中国文化/朋友

一、语言表达聚焦

1.
   > S+ 怎么 +V/Adj（+ 了）
   >
   > 询问做某件事情或出现某种情况的原因。
   >
   > Used to ask the reason why something is done or has happened.
   >
   > 否定式：S+ 怎么 + 不 / 没 +V/Adj
   >
   > 例：（1）你的汉字怎么写得这么好？/ 你怎么瘦了？
   >
   > （2）我怎么不知道这件事？/ 莉莉今天怎么没来？
   >
   > 比一比：
   >
   > a. 你怎么去？（问方式）
   >
   > b. 你怎么去了？/ 你怎么不去？（问原因）

   练一练：根据情景提问。

   （1）美国朋友会做中国菜，你觉得很奇怪 (qíguài, strange)，问他：_____？

   （2）同学们都去看电影，马克不去，你问他：_____？

   （3）大家一起去唱歌，你没看到最爱唱歌的小王，你问大家：_____？

   （4）你和女朋友一起聊天儿，她突然不高兴了，你问她：_____？

2. **因为a，所以b**

说明a是b产生的原因。在对话中，"因为""所以"可以只说一个。

Describes that "a" is the reason for the occurrence of "b". In conversation it is not always necessary to say both "因为" and "所以", so one of the words can often be omitted.

例：（1）因为对中国电影感兴趣，所以我开始学汉语了。

（2）因为马克喜欢开玩笑，所以同学们都选他当班长。

练一练：互问互答。

两人一组，了解对方做下面事情的原因。

（1）来中国

（2）选……专业

（3）对……感兴趣

请用下面的形式来完成对话：

A:（怎么）？

B:（因为……，所以……），你呢?

A:（因为……，所以……）

3. **a是为了b**

说明行为a的目的是实现行为b。

Describes that the goal of an action "a" is to bring rise to action "b".

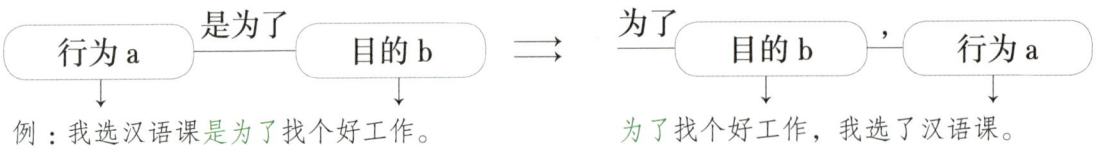

例：我选汉语课是为了找个好工作。　　为了找个好工作，我选了汉语课。

练一练：根据下列情景表达。

（1）每天运动六个小时

（2）每天看中文电视

（3）买了一张太极拳的DVD

（4）学了三门外语

（5）买了一辆自行车

二、想一想，说一说

朋友生病住院了，你去看他，你会带些什么？跟他聊些什么？为什么？请用"S+怎么+V/Adj（+了）""a 是为了 b/ 为了 b，a""因为 a，所以 b"说一说。

功能表达 3

学学怎么叙述动作或状态经历的时间段（V+……[时段]）；**说明相对或相反的情况**（（虽然）a，但/可（是）b）；**提出最好建议**（最好+VP/小句）

朱　迪：不好意思，你等我半天了吧？

莉　莉：没关系，就等了一会儿，咱们现在就去吃饭吧。欸①，你来中国已经半年了，习惯吃中国菜了吗？

朱　迪：虽然来半年了，但是还不太习惯。我们阿拉伯的风俗习惯跟中国很不一样，吃了半年中国菜，现在我想自己做饭了。

莉　莉：宿舍里不能做饭，你想做饭最好搬到校外住。

①欸（éi）：表示突然想到。

22	习惯	xíguàn	动 名	to be accustomed to habit	对……不太习惯 生活/学习习惯
23	虽然	suīrán	连	even if; although	
24	但（是）	dàn (shì)	连	but	
25	风俗	fēngsú	名	social custom	风俗习惯
26	最好	zuìhǎo	副	had better	

一、语言表达聚焦

1. V+……[时段]

    叙述动作完成、动作状态持续的时间段。

    Describes the length of time taken to complete an action or for how long an action has been continuing.

    用法一：V（+了）+[时段]（+O事物）/V+[时段]（+O事物）（+了）

第 1 课　9

例：（1）我今天休息了一天。　　（2）我今天休息一天了。
　　　　　　　（动作的完成）　　　　　　　　　（时段的变化）

（3）李老师去北京开了两天会。

用法二：V（+了）+O[人]+[时段] / V+O[人]+[时段]（+了）

例：（1）我们昨天等了你一个上午。

（2）马克安慰姐姐半个小时了。

用法三：[SVO]事件+……+[时段]（+了）

例：（1）玛丽来中国已经一年了。

（2）他毕业一年了。

练一练：改写句子。

（1）小李7月份回国了，现在是10月份。

（2）平田是去年9月搬家的。

（3）莉莉跟朋友一起看电影，莉莉7:00到了，朋友7:30才到。

（4）小李病了一个月，女朋友一直照顾 (zhàogù, to take care of) 他。

（5）小王和朋友昨天下午2:00—3:30一起打球了。

（6）朱迪7:00开始跑步，8:30结束。

练一练：根据下列情景表达。

下表是马克三天的生活，请你看看他做了什么事情，用了多长时间。用 "V+……[时段]" 说一说。

昨天	今天	明天
08:30—12:30 上汉语课	08:30—12:30 上汉语课	08:30—12:30 上汉语课
13:00—13:10 给朋友打电话	12:30—14:00 休息	14:00—15:00 洗衣服
14:30—14:50 等朋友	14:30—17:30 做作业	15:00—16:00 游泳
15:00—17:00 看电影	19:00—19:20（现在）跟中国朋友聊天儿	16:00—16:30 坐火车去北京

2. （虽然）a，但/可（是）b

说明与a相对或相反的b情况，b是主要的。

Describes the admission of a certain fact then turning to the main idea.

例：（1）我（虽然）认识同屋两个月了，可是还不知道他的中文名字。

（2）虽然天气不太好，但是大家还是想出去玩。

练一练：用下列情景组句。

	情况 a	情况 b
（1）	开学三个星期了	不知道老师姓什么
（2）	搬家一个月了	不清楚自己的地址
（3）	大家都说这部电影不错	我觉得没有意思
（4）	衣服样子很漂亮	颜色不好看

3. 最好 +VP/ 小句

   礼貌地提出最好的建议，常常有两种表达方式：

   Used to politely give the best possible advice to someone. Often expressed in two ways:

   例：

   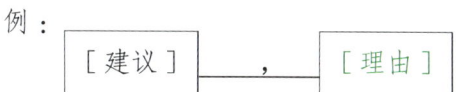

   （1）你最好买辆自行车，骑车上学很方便。

   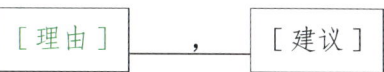

   （2）你家离学校太远了，最好别骑车上学。

   表示建议时，谓语动词最好重叠使用或在后面加"一下"，这样会使语气变得缓和一些。

   By repeating the verb, or by adding the word "一下" to the end of the verb, a warmer tone is expressed.

   （3）这件事我不知道，你最好问问老师。(动词重叠)

   （4）你太累了，最好休息一下。(V 一下)

练一练：根据下列情景提建议。

（1）早上起不来。

（2）没钱了。

（3）跟别人住在一起很不习惯。

（4）去参加面试，路上车多，可能迟到。

（5）便宜的手机容易坏。

二、讲述经历

请你说说最近的生活。例如：每天都做什么事情？做多长时间？再用"（虽然）a，但/可（是）b"谈谈最近的困难，最后用"最好+VP/小句"说说别人给你的建议。

功能表达 4

学学怎么转述听到的事情（听说+小句）；请假（向+[人]+请（个）假）

金志英：李老师，听说周五举行开学典礼，是吗？

李　悦：是啊！

金志英：我周五必须去办签证，所以想向您请一天假，可以吗？

李　悦：可以，你写个请假条吧。如果有重要的通知，我会给你打电话的。

27	请假 ~假	qǐngjià jià	动	to ask for leave holiday; vacation	请一天假；请病假 假日；假期；假条
28	听说	tīngshuō	动	to hear of…	听 sb 说……
29	举行	jǔxíng	动	to celebrate; to hold	举行运动会
30	典礼	diǎnlǐ	名	celebration	结婚/开学/毕业典礼
31	签证	qiānzhèng	名	visa	办签证
32	请假条 ~条	qǐngjià tiáo tiáo	名	written request for leave an informal note	一张请假条 纸条；留言条
33	如果	rúguǒ	连	if	
34	重要	zhòngyào	形	important	重要的事情
35	通知	tōngzhī	名 动	notice to announce	重要通知 通知大家

Lesson 1

一、语言表达聚焦

1. **听说 + 小句**

   用来转述一件听到的事情。

   Used when passing on information that one has heard.

   例：（1）听说明天有大雪，飞机不能起飞了。

   因为是听来的消息，不知道对不对，常常会用"是吗？"来确认 (to confirm) 一下。

   （2）听说中国人都很热情，是吗？

   练一练：看图说话。

   下图的内容是你听到的，请你向同学或朋友转述一下。

广州—武汉	火车 G1226	4 小时 6 分	847 元
	飞机 CA8232	1 小时 45 分	430 元

   （1）票价　　　　　（2）不能抽烟　　　　　（3）他喜欢吃的菜

2. **向 +[人]+ 请（个）假**

   因为有病或有事，请求 a 同意不参加某活动（工作/上课/会议等）。

   Used to request time off (from work, class, a meeting, etc.) due to an illness or other circumstance.

   例：（1）玛丽生病了，她想向老师请（个）假。

   如果需要请一段时间假，可以把时间放在"请假"中间。

   （2）老板，我家里有事，想向您请三天假。

   练一练：读一读，写一写。

   请读一读金志英的请假条，根据下面表格中的内容写一张请假条。

请假条

尊敬（zūnjìng, respectful）的李老师：

　　因为要去公安局办手续，所以我星期五（9月5日）不能参加开学典礼，想请一天假，请您批准（pīzhǔn, to authorize）。

您的学生：金志英
9月1日

李老师	莉莉	后天	去机场接朋友	参加考试
张经理	平田	今天	头痛	上班（shàngbān, on duty）

二、想一想，说一说

因为母亲突然生病，需要做大手术，你的朋友突然回国了。他请你帮他跟老板请假，说清楚情况。请用"听说+小句""向+[人]+请（个）假"进行表达。

第三部分　课文

（中国学生陈思思和马克第一次见面）

马　　克：听说你是中文系大二的学生，可以当我的辅导老师吗？

陈思思：可以啊。你学多长时间汉语了？

马　　克：两年了，来中国以前在美国学了一年半。

陈思思：才①两年啊？！那你的汉语说得很不错啊！

①才+[时间]：表示时间短。

36	见面	jiànmiàn	动	to meet	跟朋友见面
37	中文系 ~系	Zhōngwén xì xì	名	Chinese department department	经济系；外语系
38	辅导	fǔdǎo	动	to tutor; to coach; to give guidance	辅导老师

马　　克：谢谢！哪里哪里！

陈思思：你真有意思。在中国，年纪大的人常说"哪里哪里"，年轻人常说"谢谢"，可你怎么都用上了啊？

马　　克：我都学过，两种都喜欢。我先说"谢谢"，是为了告诉别人我是年轻人；再说"哪里哪里"，是为了告诉别人我是"中国通"。你说是不是？

陈思思：哦②？你还知道"中国通"啊！但是成为"中国通"是非常不容易的。

马　　克：那么为了成为"中国通"，我要更加努力。现在，我的汉字还不好，所以你要多帮助我啊。

陈思思：好的，没问题。那我们什么时候开始？

马　　克：最好今天就开始，好吗？

陈思思：现在吗？

马　　克：是的。到八点，辅导一个半小时，可以吗？

陈思思：可以，那我先打个电话。

马　　克：（笑）你要向男朋友请假吧？

陈思思：不是，不是。我没有男朋友，是向好朋友"请假"，告诉她今晚不去买东西了。

②哦（ó）：升调，表示疑问。

39	有意思	yǒu yìsi		interesting	
40	中国通	Zhōngguótōng	名	China watcher; Chinese expert	
41	成为	chéngwéi	动	to become	成为老师／中国通

一、课文综合练习

1. 用"V+……[时段]"回答问题。

    （1）最近两年马克在什么地方学汉语？学了多长时间？

    （2）陈思思每次可能给马克辅导多长时间？

2. 用"因为 a，所以 b"回答问题。

    （1）陈思思为什么觉得马克很有意思？

    （2）马克为什么"谢谢"和"哪里哪里"一起说？

    （3）马克为什么要找辅导老师？

（4）陈思思为什么要给朋友打电话？

3. 用"a 是为了 b / 为了 b，a"回答问题。

（1）马克回答"谢谢"和"哪里哪里"的目的有什么不一样？

（2）马克努力学汉语有什么目的？

（3）马克找辅导老师的目的是什么？

（4）陈思思打电话的目的是什么？

（5）你觉得马克说"你要向男朋友请假吧"这句话，有什么目的？

4. 用"先 VP_1，再 VP_2（，然后 VP_3）（，最后 VP_4）"回答问题。

（1）马克在什么地方学过汉语？现在呢？

（2）陈思思说马克汉语很不错，马克怎么回答的？

（3）陈思思同意当马克的辅导老师以后，他们做了什么？

5. 用"（虽然）a，但/可（是）b"回答问题。

（1）"谢谢"和"哪里哪里"中国人都说吗？会一起说吗？

（2）成为"中国通"容易吗？马克还想成为"中国通"吗？

（3）马克的汉语水平怎么样？有什么问题？

（4）陈思思今晚有事吗？她同意 (tóngyì, to agree with) 给马克辅导吗？

6. 用"最好 +VP/ 小句"回答问题。

（1）马克建议什么时候开始辅导？

（2）马克要学好汉字，你建议他怎么做？

二、课文拓展练习

1. 如果有人说"你的汉语真好""你的汉字很漂亮"，你会怎么回答？为什么？
2. 请你根据课文内容，给陈思思的好朋友打电话"请假"。
3. 你有辅导老师吗？如果想找辅导老师，你要找什么样的？

第四部分　综合表达训练

1. 根据学过的内容完成语段。

　　　　　　　　　　　　（为了……），我＿＿＿岁开始学汉语，到现在＿＿＿＿＿＿（V+……

[时段])。我觉得学汉语＿＿＿＿＿＿＿＿＿＿（虽然……），但是很有意思。＿＿＿＿＿＿＿＿＿＿（听说+小句），如果你＿＿＿＿＿＿＿＿＿＿（兴趣），你就来中国吧。＿＿＿＿＿＿＿＿＿＿（因为a，所以b）。你来中国以前，＿＿＿＿＿＿＿＿＿＿（最好+VP/小句），这样你在中国＿＿＿＿＿＿＿＿＿＿（V+得+AP/VP）。

2. **完成任务**。

   你是一家语言学校的老师，这学期新开了一门课，教学生做中国菜。请你写一个通知，向同学们介绍(jièshào, to introduce) 这门课，并告诉大家怎么选课。两人一组，进行讨论，请尽量多用本课学过的词语或功能。

   通知应该有以下内容：

   （1）开这门课的目的。
   （2）这门课学做哪些中国菜。
   （3）这门课上多长时间，每个星期什么时候在哪儿上课。
   （4）什么水平的学生可以选这门课。
   （5）上课前要做哪些准备。

3. **课后小调查：最好的专业**。

   最好的专业是什么？采访你的同学，了解他们的专业，问问他们选这个专业的原因或者目的。把你的调查结果填在下面的表中。请尽量多用本课学过的词语或功能，根据调查结果，谈谈你的看法。

专业									
人数									
原因									
目的									

第五部分　文化读本

最好的专业

上大学选专业的时候，你碰到过困难吗？很多人都觉得选专业真的很难，为什么呢？因为人们常常认为"专业＝职业＝收入"，所以能挣大钱的专业常常受到更多人的欢迎，这样人们在选专业的时候就会想得很多。

那么，哪些专业是最好的专业呢？国家不同，对这个问题的回答也不一样。听说在美国，大多数人觉得法学 (fǎxué, law) 或商科 (shāngkē, business) 是好专业；在韩国和日本，因为教师社会地位和收入都很高，所以教育学 (jiàoyùxué, education) 比商科更受欢迎。

在中国，时代不同，好专业也不一样。20世纪五六十年代，很多人认为上大学最好学数学、物理 (wùlǐ, physics)、化学 (huàxué, chemistry)，因为那时人们常说"学好数理化，走遍天下都不怕"。到了八九十年代，经济发展得越来越快，与世界的交往越来越多，所以受人喜爱的专业变成了英语、计算机、金融 (jīnróng, finance)、新闻 (xīnwén, journalism) 与法学。但是2000年以后，学这些专业的人多了，工作不好找了。为了好找工作，会计 (kuàijì, accountancy)、医学 (yīxué, medical science)、建筑 (jiànzhù, architecture) 又成为了最好的专业。

在中国，考上好大学很难，选一个好专业更难。在你们国家也是这样吗？

1	碰到	pèng dào		to meet with; to run into
2	职业	zhíyè	名	occupation
3	收入	shōurù	名	income
4	挣钱	zhèng qián	动	to earn money; to gain
5	受(到)	shòu (dào)	动	to be received; to be suffered
6	社会	shèhuì	名	society
7	地位	dìwèi	名	position; rank
8	时代	shídài	名	time

9	世纪	shìjì	名	century
10	年代	niándài	名	a decade of a century
11	遍	biàn	动	allover; everywhere
12	发展	fāzhǎn	动	to develop; to expand; to grow
13	交往	jiāowǎng	动	contact

话题讨论

1. 你学的是什么专业？根据文章，在中国它是最好的专业吗？
2. 什么专业常常受到人们的欢迎？为什么？
3. 在美国，什么专业是最好的专业？
4. 什么专业在韩国和日本最受欢迎？为什么？
5. 在中国，时代不同，好专业有什么变化？为什么？
6. 文章中说"考上好大学很难，选一个好专业更难"，你同意吗？为什么？
7. 有人说"最好的专业是最挣钱的专业"，你同意吗？为什么？
8. 一个中国的高中毕业生，因为考试分数不是特别高，遇到了下面的困难：

    （1）上一所好大学，可是不能选好专业；

    （2）上一所不太好的大学，可是能选一个比较好的专业。

    请你给他一个建议，说说这样建议的原因。

第 2 课
那个人

基本功能项及内容

	功能项	本课表达	基本结构	举例
1	询问 Asking questions	询问外表特征 Asking about external characteristics	长 + 什么 + 样子 / 样儿	她长什么样子？
2	描述 Description	描述整体的局部特征 Describing parts of a whole	主大 +[主小 + 谓小]	她身材很苗条。 她头发短短的。
			主 +NP（Adj+N）	她金头发，蓝眼睛。
		描述样态 Descriptive sentence pattern: adjective reduplication	形容词重叠：AA/ AABB	皮肤白白的，眼睛大大的。
3	赞美 / 不满 Complimenting/ Expressing dissa-tisfaction	表示对事物的喜爱或不满 Expressing either fondness or dissatisfaction for something	S（+V 得）+ 可 Adj/ V[心理]+ 了	他可帅了！ 俄语说得可标准了！
4	说明 Explanation	数量略超某一整数 Describing an amount that slightly exceeds a whole number	[整数]（+量）+ 出头儿	他一米八出头儿。
		与实际不符的想法 Describing a mistaken belief	S+ 以为 +[错误想法]	我以为那是您爱人。
		先承认 a，再指出与 a 矛盾的 b，说明个人见解 Expressing an opinion on issue "a", then pointing out its flaw in "b"	a 是 a，就是 / 可是 b	这件好是好，就是太贵了。

第 2 课

	功能项	本课表达	基本结构	举例
5	纠正 Correction	否定情况 a，肯定情况 b Negating condition "a" and affirming condition "b"	不是 a，（而）是 b	他不是我爱人，是我表弟。
6	满意 Expressing satisfaction	表示满意或可以接受 Expressing satisfaction or willingness to accept something	不 Adj$_1$（+也）+ 不 Adj$_2$	不胖不瘦，正好。
7	疑惑 Expressing doubt	用反问表示疑惑 Using a rhetorical question to express doubt	不是 +[肯定]+ 吗	不是您爱人吗？
			疑问代词 +[肯定/否定]（+呢）	谁说没有别的要求？ 怎么不可能？

第一部分　课前热身

1. 看一看，查一查。
   你知道怎么说一个人的长相和性格吗？请你看一看前面的图，查一查图上的词。

2. 认一认，写一写。

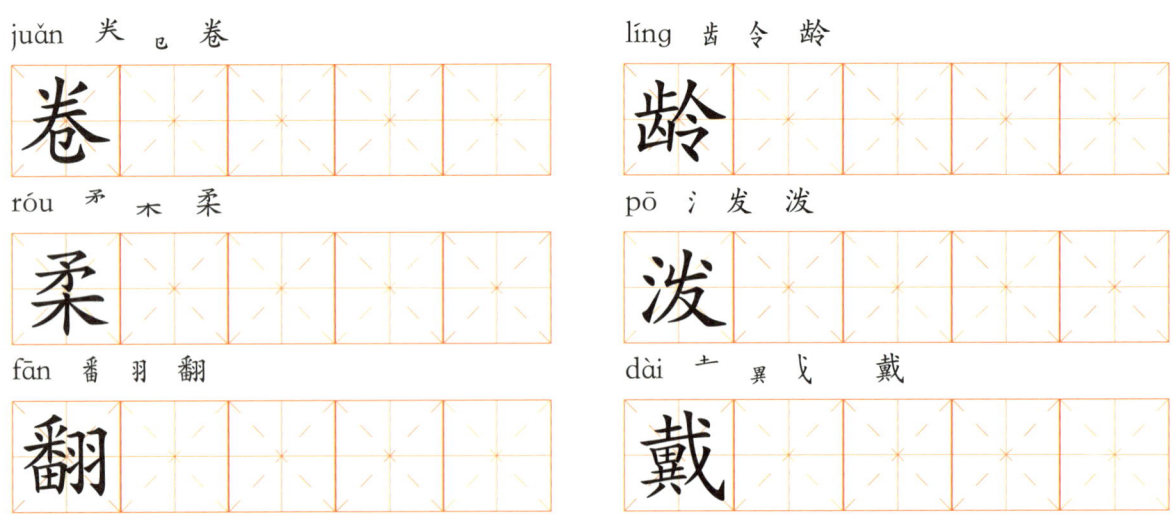

3. 学一学，填一填。

标准　要求　主意　一般　正好　外向

（1）很多人都喜欢跟性格_____的人交朋友。

（2）我觉得看新闻时能听到最_____的汉语。

（3）这件事我不知道该怎么办？你帮我想个_____吧。

（4）有些父母总是告诉孩子"不要……"，对孩子有很多_____。

（5）我星期六_____十点多起床，不吃早饭。

（6）先生，这件衣服是中号的，您穿_____。

第二部分　功能表达范例与训练

功能表达 1

学学怎么询问外貌特征（长+什么+样子/样儿）**；描述整体的局部特征**（主大+[主小+谓小]；主+NP）**；描写样态**（AA/AABB）

李　悦：平田，你帮我找一下莉莉好吗？学院办公室的老师找她。

平　田：老师，我不认识莉莉。她长什么样子？

李　悦：她金头发，蓝眼睛，个子不太高，但身材很苗条。

平　田：哦？头发是卷的还是直的？

李　悦：卷发，短短的。

平　田：哦！我知道了，是那个性格很温柔的美国女孩儿啊！我马上就告诉她。

1	长	zhǎng	动	to grow	长大
2	个子	gèzi	名	height	个子高
3	身材	shēncái	名	stature	身材标准
4	苗条	miáotiao	形	slender; willowy; slim	身材苗条
5	卷 卷发	juǎn juǎnfà	动 名	to roll up curly hair	卷起来

| 6 | 性格 | xìnggé | 名 | character | 性格挺好的 |
| 7 | 温柔 | wēnróu | 形 | gentle and soft | 性格温柔 |

一、语言表达聚焦

1. 长 + 什么 + 样子 / 样儿

   询问外表特征。

   Used to ask about the external characteristics of something.

   例：（1）那个人长什么样子？

   （2）你家的小狗长什么样儿？

2. AA/AABB（形容词重叠）

   描写样态。加强描写，突出一种样子。

   Duplication can be used to intensify the adjective and give the description more prominence.

   例：（1）他大大的眼睛，高高的个子。

   （2）这件衣服漂漂亮亮的。

   （3）教室应该打扫得干干净净的。

   ```
   A——AA
   AB——AABB
   ```

练一练：看图说话。

（1）

这个小宝宝很可爱，_____。

（2）

_____，漂亮极了。

（3）

这个小女孩儿的房间_____。

3. 主 + NP（Adj+N）

   描述整体的局部特征。

   Describes the characteristics of an individual part of a whole.

   主语 ‖ NP（Adj+N）

例：（1）她黄头发，蓝眼睛。

（2）这个宝宝白白的皮肤，圆圆的小脸（，很可爱）。

（3）小明白色T恤，蓝色裤子（，很精神）。

4. 主_大_ +[主_小_ + 谓_小_]

描述整体的局部特征。

Describes the characteristics of an individual part of a whole.

主语_大_ ‖ 主语_小_ | 谓语_小_

例：（1）姐姐身高一米六。（描写人）

（2）这个手机价钱不贵。（描写事物）

（3）这个地方风景很美，空气很好。（描写地方）

练一练：根据例句，用所给的词语组句。

	词语	句子
例：	头发　弯（wān, bend）长	她头发弯弯的，长长的，很漂亮。
（1）	个子　高　瘦	
（2）	眼镜　大　厚	
（3）	性格　温柔	
（4）	身材　苗条	

练一练：看图说话：说一说图片上人的长相。

（1） 　（2） 　（3）

长相（zhǎngxiàng, features）

棕色（zōngsè, brown）

幽默（yōumò, humorous）

结实（jiēshi, strong in body）

二、想一想，说一说

向同学描述一下你最喜欢的人，例如父母、朋友、明星等。请用"长+什么+样子/样儿""主+NP""主_大_+[主_小_+谓_小_]"和"AA/AABB"进行介绍。

功能表达 2

学学怎么表示赞美或不满（S(+V得)+ 可 Adj/V[心理] + 了）；**说明数量略超某一整数**（[整数]（+量）+ 出头儿）

（夏佳去一家公司找她的语言伙伴，他们只见过一面）

夏　佳：您好！王先生在吗？

职　员：哪个王先生？我们这儿有三四位呢。

夏　佳：我忘了他的名字。他个子高高的，<u>一米八出头儿</u>的样子。

职　员：我们这儿的王先生都挺高的。

夏　佳：他<u>不胖不瘦</u>，皮肤有点儿黑，戴一副黑框眼镜，俄语说得<u>可标准了</u>！

职　员：哦！是王翻译啊，他刚出去，你在这儿坐一会儿，稍等他一下。

8	语言	yǔyán	名	language	语言水平；语言能力
9	伙伴	huǒbàn	名	partner	语言伙伴
10	职员 ~员	zhíyuán yuán	名	staff member member	公司职员 人员；球员；演员
11	出头儿	chūtóur	动	a little over	
12	皮肤	pífū	名	skin	
13	戴	dài	动	to pull on; to wear	戴眼镜/帽子
14	副	fù	量	a pair of	一副眼镜/手套
15	框	kuàng	名	frame; case	眼镜框；门框
16	标准	biāozhǔn	形 名	standard standard	发音很标准 技术标准
17	翻译	fānyì	名 动	interpreter to translate	当翻译 翻译水平

一、语言表达聚焦

1. **[整数]（+量）+ 出头儿**

   表示数量略微超出某一整数。

   Describes an amount that slightly exceeds a whole number.

例：（1）她个子一米三出头儿。（√）
　　　　她个子一米三二出头儿。（×）
　　（2）他今年三十岁出头儿。

- 练一练：完成对话。

（1）A：听说最近电脑便宜了。 　　B：是的，我昨天买了个电脑，_____。	3050元
（2）A：她以前有七十公斤，现在瘦多了。 　　B：是啊，_____。	41公斤
（3）A：她多大了？有二十五岁吗？ 　　B：_____。	

2. S（+V 得）+ 可 Adj/ V[心理] + 了

   表示对事物的赞美或不满。

   Used to express either fondness or dissatisfaction.

   例：（1）她长得可漂亮了。
   　　（2）小王可聪明了，可爱／喜欢说话了。
   　　（3）那家店的水果可贵了，别去那儿买。

- 练一练：看图，完成对话。

（1）A：回来啦？上海怎么样？ 　　B：_____。	
（2）A：你看过这部电影吗？ 　　B：看过，_____。	

第 2 课

（3）A：听说莉莉在学中国画？ 　　B：是的，＿＿＿＿＿＿。	
（4）A：你参加运动会了吗？ 　　B：参加了，＿＿＿＿＿＿。	

二、想一想，说一说

你看见一个老人救(jiù, to help; to rescue)了一个孩子，把你看到的情况告诉孩子的父母，请用上"[整数]（+量）+出头儿""S(+V得)+可 Adj/ V_[心理]+ 了"。

功能表达 3

学学怎么表示满意或可以接受（不 Adj₁（+也）+不 Adj₂）；**说明个人见解**（a 是 a，就是/可是 b）

（李悦跟爱人看到一对男女朋友有说有笑地走过来）

李　悦：你看那个男的，个子高高的，黑衬衫，黑西裤，太帅了。

爱　人：那个女孩儿也很漂亮啊，大眼睛，长头发，活泼外向。

李　悦：是吗？女孩儿漂亮是漂亮，就是个子有点儿矮，身材也一般。

爱　人：不会吧？我觉得她个子不高不矮，身材不胖不瘦，正好。

李　悦：（听了有点儿不高兴）可是那男孩儿像明星一样，更好看！

爱　人：就是脸上笑容不多，看着不太好相处。你看那女孩儿笑得多甜啊！（觉得李悦有点儿生气了，马上说）当然，在我心里你是最漂亮的。

18	衬衫	chènshān	名	shirt	一件衬衫
19	帅	shuài	形	handsome	帅哥；长得很帅
20	活泼	huópō	形	lively	活泼可爱/好动
21	外向	wàixiàng	形	open and communicative	性格外向
22	一般	yībān	形	general; ordinary	长相/成绩一般
23	正好	zhènghǎo	形	just right	胖瘦正好；时间正好

24	明星 ~星	míngxīng xīng	名	star star	电影明星 歌星；球星；影星
25	笑容	xiàoróng	名	smile	脸上带着笑容
26	相处	xiāngchǔ	动	to live together; to get along with	好相处
27	甜	tián	形	sweet; comfortable	笑/睡得很甜
28	当然	dāngrán	副	of course; certainly	当然可以／行

一、语言表达聚焦

1.
   不 Adj$_1$（＋也）+ 不 Adj$_2$

   表示满意或可以接受。

   Used to express satisfaction or willingness to accept something.

   例：（1）A：这件衣服怎么样？

   　　　B：这件不大不小，正合适。（正好，表示满意）

   　　（2）A：你今天心情怎么样？

   　　　B：不好也不坏，还可以。（一般，可以接受）

练一练：写反义词，完成句子。

（1）多 ── _____

　　A：来中国的时候，你的行李超重(chāozhòng, overweight)了吗？

　　B：_____。

（2）胖 ── _____

　　A：我最近不打算吃米饭了，我要减肥(jiǎnféi, to slim down)。

　　B：你胖吗？我觉得_____。

（3）好吃 ── _____

　　A：这道菜怎么样？

　　B：_____。

（4）快 —— _____

A：我觉得他说话有点儿快，你觉得呢？

B：_____。

2. **a 是 a，就是 / 可是 b**

先承认 a（一般是满意的方面），再指出与 a 矛盾的 b，说明个人见解。

This pattern is used to express one's own opinion about a situation by first acknowledging one of its positive qualities, "a", then pointing out its major flaw, "b".

例：（1）他聪明是聪明，就是不太爱说话。

（2）这件事好是好，可是我没时间做。

（3）照片拍得好是好，就是人有点儿小。

练一练：看图，完成对话。

	（1）A：他唱的歌好听吗？ B：_____。
2,500 元 / 月 10m²	（2）A：这间宿舍条件好吗？ B：_____。
	（3）A：学校餐厅的菜好吃吗？ B：_____。
	（4）A：她游泳游得快吗？样子怎么样？ B：_____。

二、想一想，说一说。

给你一百元去看电影。根据下图，用完一百元，你会选择几点的电影，买哪种爆米花（bàomǐhuā, popcorn）。用"不 Adj₁（+ 也）+ 不 Adj₂""a 是 a，就是 / 可是 b"说说你的想法。

 19:40　¥90
20:40　¥85
21:40　¥75

　¥10　　　¥15

功能表达4

学学怎么表示疑惑（疑问代词+[肯定/否定]（+呢）；不是+[肯定]+吗）；**纠正**（不是a,（而）是b）；**说明与实际不符的想法**（S+以为+[错误想法]）

马　　克：李老师，我昨天在学校门口看见您和您爱人了。

李　　悦：（笑）怎么可能呢？

马　　克：那个男的三十出头儿，戴眼镜，穿了件白色大衣，可高可帅了，不是您爱人吗？

李　　悦：他不是我爱人，是我表弟。他也不是三十出头儿，刚二十五岁。

马　　克：不好意思，我看错了，我以为那是您爱人呢！

| 29 | 以为 | yǐwéi | 动 | to think; to consider | |

一、语言表达聚焦

1. 不是+[肯定]+吗

   用反问表示疑惑，整句表达肯定意义。

   This pattern uses a rhetorical question to express doubt. The sentence carries an affirmative meaning.

   例：马克：北京是中国最大的城市。

   　　平田：最大的城市不是上海吗？（是上海）

2. 疑问代词+[肯定/否定]（+呢）

   用反问表示疑惑，"肯定"表达否定意义，"否定"表达肯定意义。

   Uses a rhetorical question to express doubt. Stating an "affirmative" actually expresses negation, while stating a "negative" will actually express affirmation.

   例：(1) 弟弟：你的自行车坏了。

   　　　　哥哥：怎么会坏呢？昨天还好好的啊？（不会坏的）

   　　(2) 张老师：这么可爱的小宝宝，谁不喜欢呢？（喜欢）

   　　　　李老师：是啊，我也想要一个这样的宝宝。

练一练：根据下列情景，完成对话。

例：A：我没钱了，又要去银行了。

B：<u>怎么会呢？你不是前天刚取过钱吗？</u>（不会；取过钱）

（1）A：明天去北京的东西都准备好了吧？

B：明天是星期二，_____？_____？（不能去；上课）

（2）A：已经晚了，火车要开了，我们快走吧！

B：_____？_____？（不晚；四点半）

A：哪里啊，火车是三点半的啊。

（3）A：我昨天看到你的好朋友李明了。

B：_____？_____？（不可能看到他；回国）

（4）A：这么贵的衣服，_____？（没人会买）

B：一定有很多人买，_____？（有钱人很多）

（5）A：这个问题，_____？_____？（大家都会；老师讲过）

B：是吗？我忘记了。

3.
> 不是 a，(而) 是 b
>
> 用来否定情况 a，肯定情况 b，表示纠正。
>
> Used to offer a correction by negating condition "a" and affirming condition "b".
>
> 例：（1）A：北京是中国最大的城市吗？
>
> B：北京<u>不是</u><u>中国最大的城市</u>，(<u>而</u>)<u>是</u><u>中国第二大城市</u>。
>
>   a 错   b 对
>
> （2）这<u>不是</u>我写的字，(<u>而</u>)<u>是</u>他写的字。

练一练：看图，完成对话。

（1）A：这件衣服是耐克 (Nàikè，Nike，a brand of clothing) 的啊？ B：_____。	
（2）A：他是电影演员吧？ B：_____。	

（3）A：我写得对吗？

　　B：不对，＿＿＿＿＿＿＿＿＿＿。

（4）A：你拍照片怎么不拍人啊？

　　B：＿＿＿＿＿＿＿＿＿＿。

4. **S+ 以为 +[错误想法]**

说明与实际不符的想法。

Used to describe a mistaken belief.

例：A：你怎么穿这么多衣服？

　　B：我以为外面很冷呢。（实际情况：不太冷；错误想法：外面冷，应该穿大衣。）

📝 练一练：看图，完成对话。

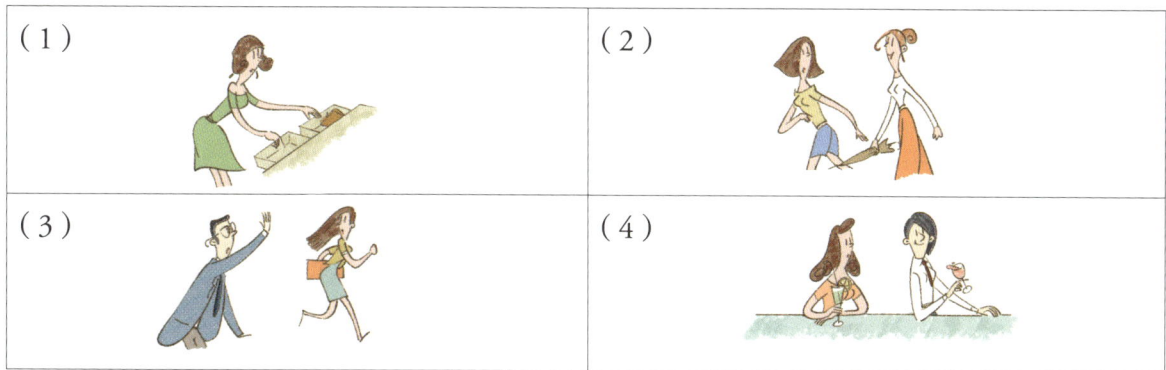

二、角色扮演

你和朋友去老师家做客，老师家在令华 (Lìnghuá) 小区，你弄错了地址，你们去了今华小区。两人一组，请用下面的形式表演。

你：（不是 +[肯定]+ 吗）

朋友：（不是 a，（而）是 b）

你：（S+ 以为 +[错误想法]）

第 2 课

第三部分　课文

（平田刚回到宿舍）

马　克：回来了？刚才有个女孩儿找你。

平　田：谁呀？是日本女孩儿吗？长什么样子？

马　克：不是日本女孩儿，是西方女孩儿。她皮肤白白的，头发长长的，不知道是哪国人。

平　田：（笑）西方女孩儿当然皮肤白了。还有呢？

马　克：眼睛不大不小，个子不高不矮。

平　田：是谁呢？是谁呢？漂亮吗？

马　克：可漂亮了，金头发，蓝眼睛，身材很苗条。我好像在哪里见过她。

平　田：啊，我知道了，是莉莉。

（听到有人敲门，平田走过去开门）

平　田：是夏佳呀，我还以为是莉莉呢。

夏　佳：是我找你，想问你个事儿。我想搬到校外住，找个中国人合租，这样能更快地提高汉语水平。你觉得怎么样？

平　田：好是好，可是找合租人不太容易。

夏　佳：那我该怎么办呢？你给我出个主意吧。

（马克有了一个好主意）

马　克：你可以在学校里贴广告啊，把要求都写在上面。

30	西方	xīfāng	名	the West	西方人；西方国家
31	敲	qiāo	动	to knock	敲门
32	合	hé	动	to do sth together; to combine	合租；合作；合住
33	提高	tígāo	动	to improve; to enhance	提高水平/成绩
34	主意	zhǔyi	名	idea; thought	出主意；好主意
35	贴	tiē	动	to glue; to stick on; to paste on	贴地图；贴邮票
36	广告	guǎnggào	名	advertisement	贴广告

平　田：也是。夏佳，你想找个什么样的合租人呢？

夏　佳：年龄二十出头儿吧，性格大方外向，最好是俄语专业的，我们可以成为语言伙伴。

马　克：你还有什么要求？

夏　佳：爱旅行更好，以后可以一起出去玩。（想了想）应该没有别的要求了。

马　克：（笑）谁说没有别的要求？

平田/夏佳：还有什么？

马　克：那个人得是女的啊，不是吗？

37	要求	yāoqiú	名 动	request to ask	提出要求；要求多/高要求转系；严格要求
38	年龄	niánlíng	名	age	
39	大方	dàfang	形	natural and poised; generous	性格大方

一、课文综合练习

1. 用"主大+[主小+谓小]""S（+V得）+可Adj/ V[心理]+了"回答问题。

    （1）马克是怎么描述夏佳的？他觉得夏佳长得怎么样？

    （2）夏佳对合租人有什么要求？她的要求多不多？

2. 用"主+NP""不Adj$_1$（+也）+不Adj$_2$"回答问题。

    （1）马克觉得夏佳的眼睛长得怎么样？

    （2）夏佳的身材怎么样？

3. 用"不是a，（而）是b"回答问题。

    （1）找平田的女孩儿是日本人吗？

    （2）平田觉得夏佳找不到合租人吗？

    （3）夏佳想找一个只会说汉语的合租人吗？

    （4）夏佳想找一个合租人，主要是为了可以一起玩吗？

4. 用"a是a，就是/可是b"回答问题。

    （1）马克见过那个女孩儿吗？知道她是谁吗？

    （2）住在学校里能不能提高汉语水平？夏佳为什么要搬到校外住？

    （3）平田觉得夏佳的想法怎么样？

5. 用"不是+[肯定]+吗"或"疑问代词+[肯定/否定]（+呢）"回答问题。

   （1）是夏佳建议要在学校贴广告吧?
   （2）夏佳要搬到校外住，是因为宿舍太贵了吧?
   （3）夏佳是要找个年龄大点儿的合租人吧?
   （4）夏佳是要找一个东方国家的留学生合租吧?
   （5）夏佳是要找一个喜欢安静的合租人吧?
   （6）夏佳最后没有别的要求了吧?

6. 根据课文，回答下列问题。

   （1）平田说"西方女孩儿当然皮肤白了"，这句话里为什么要用"当然"?
   （2）听了马克的话，平田清楚是夏佳找他吗? 你怎么知道的?
   （3）夏佳为什么来找平田?
   （4）夏佳对合租人还可以有哪些要求? 说说你的想法。

二、课文拓展练习

1. 你觉得找中国合租人这个主意好不好? 你会找合租人吗? 为什么?
2. 住在宿舍和校外，有什么不一样? 请你比一比。
3. 请你根据课文内容，加上自己的想法，为夏佳写一个找合租人的广告。

第四部分　综合表达训练

1. 根据学过的内容，完成语段。

   我有一个朋友叫_____，今年_____（[整数]（+量）+出头儿）。她_____（主大+[主小+谓小]；AA），_____（主+NP）。有人都说她的嘴有点儿大，可是我觉得_____（不 Adj₁（+也）+不 Adj₂），刚刚好。

   我认为交朋友最重要的_____（不是 a，(而)是 b）。我和她已经认识很多年了，我们都喜欢_____，_____（S(+V 得)+可 Adj/ V[心理]+了）。

2. 读一读，写一写。

   两人一组，任选一个，按照下表的要求，先进行讨论，然后合作写一个广告。请尽量多用本课学过的词语或功能。

招聘（zhāopìn, application for a job）广告应该有以下内容：	征婚（zhēnghūn, marriage-seeking）广告应该有以下内容：
（1）面试人员性别、年龄、性格、爱好等方面的要求。 （2）面试人员的毕业学校及专业。 （3）面试人员的工作经历（jīnglì, experience）。	（1）自己的性别、年龄、身高、长相、性格、爱好、工作等。 （2）对男方/女方性格、爱好、学历（xuélì, educational background）等方面的要求。 （3）联系电话。

3. 课后小调查：最美。

在班上采访三个不同国家的同学，请他们谈一谈什么样的男人最帅，什么样的女人最美，看看他们的看法有哪些相同或不同，然后告诉全班同学你的调查结果。请尽量多用本课学过的词语或功能。

你的小调查可以有下面的内容：

	身高	胖瘦	脸型	眼睛	鼻子	嘴	头发	皮肤	性格	……
男										
女										

第五部分　文化读本

◉ 开始读之前，先认识一下下面的词语。

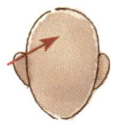 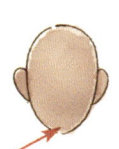     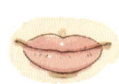

额头　　下巴　　颧骨　　眉毛　　眼角　　睫毛　　嘴唇
(étóu)　(xiàba)　(quángǔ)　(méimao)　(yǎnjiǎo)　(jiémáo)　(zuǐchún)

第 2 课　　37

最美中国脸

什么样的女人最美？什么样的男人最帅？每个人的看法都不一样。我在班上做了一个小调查，发现了一件奇怪的事情：不同国家的人对帅哥的标准都差不多，但对美女的标准差别可大了。

我的中国朋友给我看了一张电脑拼出来的"最美中国脸"，告诉我中国人觉得女人长得跟左图差不多是最美的，鹅蛋脸，皮肤白白的，眼睛大大的，睫毛弯弯的，嘴小小的，鼻子不高也不矮，嘴唇不薄也不厚，下巴不长也不短。但是，西方人却更喜欢长得

跟右图差不多的女孩儿，他们觉得中国美女一般瓜子脸，皮肤黑、额头大、颧骨高、眼睛小、嘴唇厚、下巴V字型。

对美女的标准，西方人跟中国人最大的不同有两点。第一是眼睛，西方人觉得眼睛应该细细的，长长的，眼角向上"飞"，可是中国人却觉得眼睛应该大大的，亮亮的，水汪汪的。第二是个子，西方人觉得中国美女应该个子小小的，这样很可爱，可是中国人觉得个子矮的女孩儿可爱是可爱，就是没有个子高的女孩儿漂亮。因为这样，西方人眼中的"美女"很有可能不是中国人眼中的"美女"，而是"丑女"，所以有些中国人以为西方人不喜欢中国美女呢。

中国人和西方人对美女的标准有这么大的不同，那么如果中国举行选美比赛，有西方人当评委，结果会怎么样呢？

1	发现	fāxiàn	动	to find; to discover
2	差别	chābié	名	difference
3	拼	pīn	动	to put together; to join together
4	鹅蛋脸	édàn liǎn	名	egg-shaped face
5	却	què	副	yet; however
6	瓜子脸	guāzǐ liǎn	名	oval-shapd face

7	水汪汪	shuǐwāngwāng	形	with bright and intelligent eyes
8	丑	chǒu	形	ugly; loathsome
9	评委	píngwěi	名	judge
10	结果	jiéguǒ	名	result

话题讨论

1. 图上的两个美女，你觉得哪个更美？
2. 西方人跟中国人对美女的标准有什么不同？
3. 你同意文章中的看法吗？你觉得"最美的中国脸"应该是什么样的？
4. 中国举行选美比赛时，如果有西方人当评委，结果会怎么样呢？
5. 你觉得西方人和东方人对美的标准为什么不一样？
6. 在中国，很多女孩儿想找"高富帅"的男朋友，很多男孩儿想找"白富美"的女朋友，在你们国家呢？

第 3 课

门上挂着一个中国结

三室是　　　　，
　　　和　　　。
两厅是　　　　，
　　　和　　　。
两卫是　　　　。
一套房子还应该有
　　　和　　　。

书柜 (shūguì)

茶几 (chájī)

基本功能项及内容

	功能项	本课表达		基本结构	举例
1	说明 Explanation	空间的相对位置 Spatial position	在某个空间范围内 Within a certain space	N + 里	房间里
			在某个物体表面或上方 On top of or on the surface of something	N + 上	茶几上 / 门上 / 墙上
		提出情况 a，从 b 方面进一步说明 Describing condition "a", then elaborating on information "b"		不但 a，而且 / 还 b	停车场不但离家远，还很乱。
		b 对 a 进行补充说明 Supplementing statement "a" with additional description "b"		a，另外 b	宿舍里做饭不太方便，另外，我住得太高了。
2	描述 Description	某处存在某人或事物 Describing the existence of something or someone at a certain place		[位置]+V 着（+……）+N	门上挂着一个中国结。
3	比较 Comparison	比较并指出二者相同点 Identifying and comparing similar qualities between two objects		a 跟 b 一样 + Adj a 跟 b 一样 + VP a 跟 b + V 得 + 一样 Adj	我的公寓跟夏佳的一样好。 我跟你一样想搬到校外住。 我跟他跑得一样快。
		比较并指出二者不同点 Identifying and comparing dissimilar qualities between two objects		跟 b 比起来，a……	跟其他的比起来，方便最重要了。

	功能项	本课表达	基本结构	举例
4	赞美/不满 Complimenting/ Expressing Dissatisfaction	表示对事物的喜爱或不满 Expressing either fondness or dissatisfaction for something	真 +Adj/V[心理]+啊	颜色真漂亮啊！
			多 +Adj/V[心理]+啊	这样多享受啊！
5	评价 Evaluation	某种性质达到一定程度 Describing that a characteristic of something has reached a certain level	够 +Adj/V[心理]+的	这张沙发够软的。
6	罗列 Enumeration	罗列事物的性质或状态 Naming multiple qualities or conditions of an object	又 Adj₁+ 又 Adj₂	厨房又明亮又宽敞。
7	叙述 Narration	两个动作同时进行 Describing two actions occurring at the same time	一边 VP₁，一边 VP₂	一边做饭，一边聊天儿。

第一部分　课前热身

1. 看一看，查一查。

    你知道怎么介绍一套房子吗？请你看一看前面的图，查一查图上的词，然后填一填。

    三室 (shì) 是＿＿＿＿、＿＿＿＿和＿＿＿＿。

    两厅 (tīng) 是＿＿＿＿和＿＿＿＿。

    二卫 (wèi) 是＿＿＿＿。

    一套 (tào) 房子还应该有＿＿＿＿和＿＿＿＿。

2. 认一认，写一写。

tào 大 长 套

zāng 月 庄 脏

tǎng 身 尚 躺

chā 扌 千 臼 插

liàng 亠 冗 亮

fán 火 页 烦

3. 学一学，填一填。

摆　宽敞　布置　收拾　记得　注意　整齐

（1）路上车多，你出门时要_____安全。

（2）你帮我_____一下书包，好吗？

（3）她的房间_____得很漂亮。

（4）书架上的书放得很_____。

（5）我不_____自己的手机号码了。

（6）马克的桌子上_____着很多东西。

（7）这间教室很_____，上课很舒服。

第二部分　功能表达范例与训练

功能表达 1

学学说明相对位置（N+上；N+里）；描述存在（[位置]+V着（+……）+N）

金志英：李老师，你家布置得真漂亮，花瓶里还插着鲜花呢！

李　悦：（笑）我带你参观一下吧。这套房子是三室两厅，左边是客厅和餐厅，右边是两间卧室，这间朝南的是书房。

第 3 课　　43

金志英：（看了一下）哇①，书房里摆着这么多书啊，墙上还挂着书法！老师，这是您写的吗？

李　悦：这是我几年前写的，门上挂着的这个中国结也是我自己做的。

金志英：老师，您真厉害！

①哇（wā）：表示惊讶。

1	布置	bùzhì	动 名	to arrange decoration	布置房间/教室 房间的布置
2	花瓶	huāpíng	名	vase	
3	插	chā	动	to stick in; to insert	
4	参观	cānguān	动	to look around; to visit	参观学校/工厂
5	套	tào	量	a suit of; measure word for clothing, furniture…	一套衣服/房子
6	客厅 餐厅 ~厅	kètīng cāntīng tīng	名 名 名	living room dining hall room	大厅；咖啡厅
7	卧室 ~室	wòshì shì	名	bedroom room	一间卧室 教室；阅览室
8	朝	cháo	动	towards	朝南
9	摆	bǎi	动	to place; to set in order	摆着书
10	挂	guà	动	to hang	挂着地图
11	中国结	zhōngguójié	名	Chinese knot	做中国结

一、语言表达聚焦

1. N+ 里 VS N+ 上

   说明空间的相对位置。

   Describes the relative location of an object in a space.

   里：某个空间范围内。Inside a certain space.

   例：教室里

> 上：某个物体表面或上方。On the surface of or on top of a certain object.
>
> 例：门上；地上

📝 练一练：看图，用"上"或"里"填空。

（1）书柜(shūguì)_____　　（2）书架(shūjià)_____　　（3）天花板(ceiling)_____

（4）花瓶_____　　（5）门_____　　（6）果盘_____

2. [位置]+ V 着（+……）+N

    描述某处存在某人或某物。

    Describes the existence of something or someone at a certain place.

    例：(1) 门上贴着一张留言条。

    　　(2) 书柜里摆着很多书。

📝 练一练：看图说话。　　　　　　　　　　　　创可贴（chuāngkětiē, band-aid）

（1）　　　　　　　（2）　　　　　　　（3）　　　　　　　（4）

 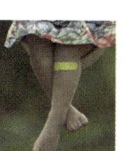 

二、交换信息

右图是金志英家的客厅，两人一组，一人一张，分别用"[位置]+V着（+……）+N"描述客厅的布置。然后一边重复听到的句子，一边画出图上没有的东西。最后向全班同学展示，描述图片，看谁说得多。

第3课

功能表达 2

学学怎么表示赞美或不满（真/多+Adj/V[心理]+啊）；**评价**（够+Adj/V[心理]+的）；**叙述同时发生的动作**（一边VP₁，一边VP₂）

金志英：这张沙发颜色真漂亮啊！

表　姐：嗯！漂亮是漂亮，就是价格太贵了！

金志英：（坐下试了试）够软的，坐着真舒服啊！我们买回去，把它摆在客厅的窗前，天气好的时候，躺在上面一边晒太阳，一边听音乐，多享受啊！

表　姐：你别做梦了！我记得客厅的窗前没有这么大的地方。

12	够	gòu	副	enough	
13	软	ruǎn	形	soft; flexible; supple	
14	躺	tǎng	动	to lie down	躺在床/沙发上
15	晒	shài	动	to expose to the sun	晒太阳；晒衣服
16	享受	xiǎngshòu	动/形	to enjoy / enjoying	享受生活 / 多享受啊
17	做梦	zuòmèng	动	to have a dream	做一个梦
18	记得	jìde	动	to remember well	

一、语言表达聚焦

1. **够+Adj/V[心理]+的**

   对某种性质是否达到一定程度进行评价。

   Evaluates a characteristic as having or not having reached a certain level or degree.

   例：A：你觉得这张画儿漂亮吗？

   　　B：不漂亮。

   　　A：画画儿的孩子才3岁。

   　　B：那够漂亮的。

2. **真/多+Adj/V[心理]+啊**

   表示对事物的喜爱或不满。

Expresses either fondness or dissatisfaction for something.

例：（1）这个地方卫生真差啊！

（2）这些钱都是我的了，真高兴啊！

（3）如果这些钱都是我的，该多好啊！

练一练：看图，完成句子。

（1）_____，快上菜！

（2）太热了，_____！

（3）你个子不矮，_____！

（4）她已经_____，你别再说她了！

（5）你买这件衣服吧，_____！

（6）_____，我想休息一下！

3. 一边 VP₁，一边 VP₂

叙述两个动作同时进行。

Used to describe two actions occurring at the same time.

例：（1）我喜欢一边看电视，一边聊天儿。

（2）他总是一边开车，一边打电话，这样太危险了！

练一练：看图，连一连。

说一说下图是哪些动作，想一想哪两个动作可以同时进行，组成句子。

（1）

（2）

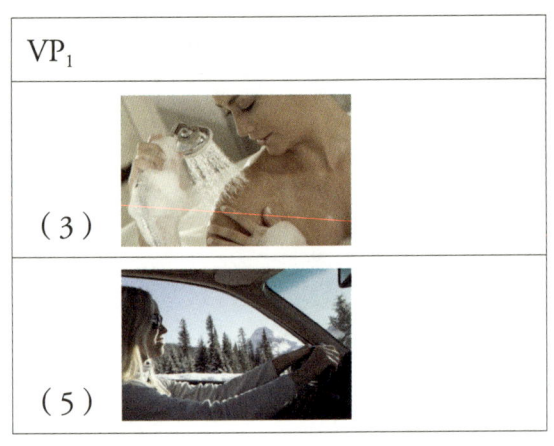

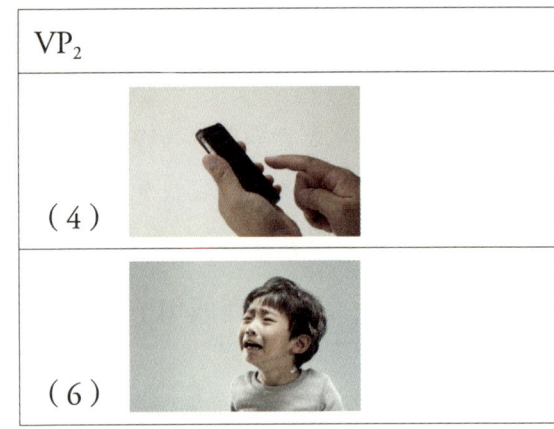

二、想一想，说一说

你爬过山吗？爬山的时候，你还会做什么？爬到山顶的时候，你有什么感受？请你用"一边 VP₁，一边 VP₂""真 / 多 +Adj/ V[心理]+ 啊""够 +Adj/ V[心理]+ 的"说一说。

功能表达 3

学学怎么比较相同点（a 跟 b……一样……）；**比较不同点**（跟 b 比起来，a……）；**补充说明**（a，另外 b）

朱　　迪：志英，听说你也搬到校外住了，怎么样？跟夏佳的公寓一样方便吗？

金志英：我觉得跟夏佳的比起来，我住的公寓更方便，楼下还有家超市，可以自己买菜做饭。

朱　　迪：我也跟你们一样想搬到校外住，因为宿舍里做饭不太方便，另外，我住得太高了，上下楼比较麻烦。

19	公寓	gōngyù	名	apartment	
20	超市	chāoshì	名	supermarket	一家超市
21	另外	lìngwài	连	in addition; besides	

一、语言表达聚焦

1. a 跟 b……一样……

   比较并指出二者相同点。

   Used to identify and compare similar qualities of two objects.

用法一：a 跟 b 一样 +Adj（大多是单音节形容词，双音节形容词常常受到限制。The adjective is usually a single syllable. The number of two-syllable adjectives usable in this pattern is very small.）

例：(1) 我的房间跟你的一样乱。

用法二：a 跟 b 一样 +VP

(2) 我跟你一样喜欢吃辣的。

用法三：a 跟 b+V 得 + 一样 Adj

(3) 马克的汉语跟平田说得一样好。

2. **跟 b 比起来，a……**

比较并指出二者不同点。

Used to identify and compare dissimilar qualities between two objects.

例：(1) 跟父母小时候比起来，我们幸福多了。

(2) 跟过去比起来，中国现在的变化太大了。

📝 **练一练：根据情景，完成对话。**

(1) A：我现在已经习惯了在中国的生活，你呢？

　　B：_____。(a 跟 b……一样……)

(2) A：你为什么买这件白的，不买那件红的？

　　B：_____。(跟 b 比起来，a……)

(3) A：马克的房间没有莉莉的大吧？

　　B：哪里啊，_____。(a 跟 b……一样……/ 跟 b 比起来，a……)

(4) A：莉莉比夏佳跑得快吧？

　　B：哪里啊，_____。(a 跟 b……一样……/ 跟 b 比起来，a……)

3. **a，另外 b**

说明 b 在 a 的范围之外，用来补充说明。

Used to supplement a statement with additional information.

例：(1) 我昨天给他打了个电话，另外，还发了一封邮件。

(2) 早餐我喝了两杯牛奶，另外还吃了四个包子。

第 3 课

练一练：看图，完成句子。

（水果、花）	（1）A：莉莉病了，我们买点儿什么去看她？ B：_____。
（租房、水、电）	（2）A：房租不是三千元吗？你怎么收我这么多钱？ B：_____。
（售后服务）	（3）A：我的电脑坏了，怎么办？ B：_____。
（电话、短信）	（4）A：你帮平田向经理请假了吗？ B：请了，_____。

二、想一想，说一说

你常常用哪种词典？请你比较一下电子词典和手机词典，用"a 跟 b……一样……""跟 b 比起来，a……""a，另外 b"说说它们相同和不同的地方。

	电子词典	手机词典
相同		
不同		

功能表达 4

学学怎么罗列性质或状态（又 Adj₁+ 又 Adj₂）；**进一步说明**（不但 a，而且 / 还 b）

（李老师在楼下找不到自己的汽车了，就给爱人打电话）

李　悦：你把车停哪儿了？

爱　人：在小区大门口，一辆又帅又酷的黑色跑车后面。

李　悦：你别再随便停车了，找不到啊，而且不太安全。下次停到停车场吧。

爱　人：我不喜欢停那儿，不但离家远，还又脏又乱。

22	小区	xiǎoqū	形	neighborhood; residential area	
23	酷	kù	形	cool	
24	随便	suíbiàn	形	be free and easy	随便吃/坐
25	而且	érqiě	连	but also; further more	
26	安全	ānquán	形	safety	很安全
			名	safe	注意安全
27	停车场 ~场	tíngchēchǎng chǎng	名	parking lot ground	球场；飞机场
28	不但	búdàn	连	not only	
29	脏	zāng	形	dirty	脏衣服；弄脏了
30	乱	luàn	形	disorderly	

一、语言表达聚焦

1.
   又 Adj_1 + 又 Adj_2

   罗列事物的性质或状态。

   Used to name multiple qualities or states of an object.

   例：（1）人们喜欢大房间，也喜欢光线好的房间。

   　　　→人们喜欢又大又亮的房间。

   （2）他汉语说得很清楚，也很流利。

   　　　→他汉语说得又清楚又流利。

练一练：看图，回答问题。

（1）A：这个女孩子怎么样？ 　　B：_____。	22 岁的女博士（Ph.D）
（2）A：你喜欢吃西瓜吗？ 　　B：喜欢，_____。	
（3）A：这道菜怎么样？ 　　B：_____。	十五元
（4）A：这所 (suǒ, 量词 for houses, schools, hospitals) 学校怎么样？ 　　B：_____。	

2. **不但 a，而且 / 还 b**

   提出情况 a，从 b 方面进一步说明。

   Describes situation "a", then elaborates on additional information, "b".

   例：（1）马克不但会开车，还开得非常好。

   　　（2）不但你给他打了电话，而且老师也给他打了电话。

练一练：根据情景回答问题。

（1）你喜欢住校外还是住宿舍？为什么？

（2）是不是只有年轻人喜欢用电脑？

（3）你喜欢自己做饭吃还是去饭馆吃？为什么？

（4）现在全世界只有东方人学汉语吗？

（5）你觉得中国菜怎么样？

二、想一想，说一说

你去过咖啡厅吗？你常常在那儿做什么？看右图，用"不但 a，而且 b""又 Adj$_1$+ 又 Adj$_2$"向同学介绍这家咖啡厅。

第三部分　课文

（大家刚从李老师家出来，现在到了金志英家）

金志英：请进，我家挺乱的。你们先随便坐，我收拾一下。

马　克：你别收拾了，我们一起聊会儿天儿吧。你们觉得李老师家怎么样？

莉　莉：我觉得李老师家挺大的，客厅布置得又舒服又漂亮。沙发上挂着的那幅画儿很生动，跟真的一样，上面的小鸟好像会唱歌。

金志英：（拿着水果从厨房走出来）我最喜欢李老师家的厨房，不但宽敞明亮，而且做饭的东西很齐全。朋友来的时候，大家一边做饭，一边聊天儿，多美啊！

朱　迪：你们说的这些我也喜欢，但是我对李老师家的门印象更深。

马克/阿里：为什么？

朱　迪：她家的门上都有一些有意思的东西。大门上贴着"福"字，书房门

31	收拾	shōushi	动	to arrange	收拾房间/书包
32	生动	shēngdòng	形	vivid	表演得很生动
33	宽敞	kuānchang	形	spacious	宽敞的房间
34	明亮	míngliàng	形	bright; brilliant	
35	齐全	qíquán	形	all complete	
36	印象	yìnxiàng	名	impression	对 sth 印象深/好；给 sb 留下了印象

第 3 课

上挂着中国结，卧室门上挂着玫瑰心。另外，这些都是李老师自己做的，她多厉害啊！

马　克：你们女孩子就注意这些。我最喜欢李老师家的书房。书柜里全是书，摆得整整齐齐的，一看就是老师的家。

阿　里：你们看得都够仔细的。我只觉得李老师家离学校很近，周围环境很好，生活也很方便。

马　克：对，跟其他的比起来，方便最重要了。如果小区附近没有超市、银行，生活多不方便啊！

阿　里：你们怎么只说李老师家的布置，李老师做的菜不也挺好吃的吗？

金志英：是啊！我们今天不但参观了李老师家，还吃到了好吃的中国菜，真爽啊！

37	整齐	zhěngqí	形	tidy; neat	整整齐齐
38	仔细	zǐxì	形	conscientious	学习/工作仔细
39	其他	qítā	代	other; else	其他人/事
40	爽	shuǎng	形	to feel well	

一、课文综合练习

1. 用"[位置]+ V 着（+……）+N"回答问题。

   （1）请你介绍一下李老师家的客厅。

   （2）请你介绍一下李老师家的门。

   （3）请你介绍一下李老师家的书房。

2. 用"不但 a，而且/还 b"回答问题。

   （1）金志英最喜欢李老师家的什么地方？为什么？

   （2）朱迪为什么对李老师家门上挂着的东西印象很深？

   （3）阿里觉得李老师家怎么样？

   （4）大家今天在李老师家做了什么？

3. 用"又 Adj_1+ 又 Adj_2"回答问题。

   （1）莉莉觉得李老师家的客厅布置得怎么样？

   （2）李老师家的厨房怎么样？

   （3）你觉得卧室门上挂着玫瑰心怎么样？

4. 用"一边 VP₁，一边 VP₂"回答问题。

（1）大家说话的时候，金志英可能同时做了哪两件事？

（2）如果朋友来做客，金志英会和他们做什么？

5. 用"真 / 多 +Adj/V[心理] + 啊"回答问题。

（1）莉莉可能会怎么赞美李老师家的布置？其他人呢？

（2）大家今天过得怎么样？

（3）你会怎么赞美李老师？

6. 用"跟 b 比起来，a……"回答问题。

（1）马克觉得房子的"漂亮""舒服""方便"，哪个最重要？

（2）五位同学中，谁可能对李老师做的菜印象最深？

7. 用"a，另外 b"回答问题。

（1）金志英到家收拾了房间，还做了什么？

（2）大家在聊李老师家的时候，阿里补充了什么？

8. 根据课文，回答下列问题。

（1）为什么马克对金志英说"你别收拾了"？

（2）莉莉觉得李老师家的画儿怎么样？为什么？

（3）阿里怎么评价同学们的？为什么？

（4）为什么阿里觉得李老师家生活很方便？

（5）马克说"跟其他的比起来，方便最重要了"，"其他"指的是什么？

二、课文拓展练习

1. 你觉得李老师家布置得怎么样？你最喜欢李老师家的什么地方？说说你的感受。
2. 你喜欢请人到家里做客吗？你会怎么招待 (zhāodài, to receive sb as a guest) 客人？

第四部分 综合表达训练

1. 根据学过的内容，完成语段。

夏佳最近从宿舍搬到了校外的小区。这个小区不但离学校很近，＿＿＿＿＿＿＿（而且……）。旁边就是这个小区的照片，＿＿＿＿＿＿＿（多 +Adj/V[心理] + 啊）。在小区中间有一

个休息的地方，＿＿＿＿＿＿＿＿＿（[位置]+ V 着（+……）+N），很多老人坐在上面＿＿＿＿＿＿（一边 VP₁，一边 VP₂）。我觉得住在这个小区＿＿＿＿＿＿（够 +Adj/V[心理]+ 的）。

夏佳的房子朝南，有一百平方米（100m²），＿＿＿＿＿＿＿＿＿（跟 b 比起来，a……）。夏佳用了六个小时才把房间打扫完，饭也没吃，＿＿＿＿＿＿＿（又 Adj₁+ 又 Adj₂）。可是，看着干净的房间，夏佳觉得＿＿＿＿＿＿＿＿（真 +Adj/V[心理]+ 啊）。

2. 完成任务。

上星期，你和朋友去了果园玩，你们摘（zhāi, to pick; to take off）了很多水果，觉得这些水果比市场卖的新鲜多了、好吃多了。请尽量多用本课学过的词语和功能，把这一天的经历做成 PPT，在课堂上和同学们分享（fēnxiǎng, to share）一下。

3. 试一试，写一写。

给你的朋友/父母写一封信，介绍你的房间或者你住的小区。请尽量多用本课学过的词语和功能。

第五部分　文化读本

有趣的方位

在中国，你问过路吗？我是个分不清东西南北的人，常常迷路，所以也常常问路。我发现在北方问路，人们指路时常说"东西南北"；而在南方，人们却常说"前后左右"。真有意思啊！我把这个发现告诉了中国朋友，她一边笑，一边告诉我："这种现象不但跟南、北有关，而且也跟男、女有关，因为跟男性比起来，女性大多分不清东西南北。"

在中国生活的时间长了，我还发现中国人好像更喜欢"东""南"这两个方位。人们说方位时，习惯先"东"后"西"，先"南"后"北"。在汉语的词汇中，只有"东南""东北""西南""西北"，而没有"南东""南西""北东""北西"。买房时要买朝南的，而不要买朝北的。另外，你听说过"金角"吗?又朝南又朝东的房间叫"金角",一般认为这种房间是最好的,要给老人住。

为什么会这样呢?老师解释说,在中国传统文化里,"东""西""南""北""中"五个方位与"木""金""火""水""土"五种物质有关。"东"跟"木"有关,东方太阳升起的地方,太阳出来,树木生长,所以"东"表示开始,比"西"重要。"南"跟"火"有关,中医认为心在我们身体里就跟火一样在跳,很重要,因为心在上面,所以南就是"上",表示尊贵,古代皇帝就是坐北朝南的。

听了老师的解释,我觉得中国文化又丰富又有趣,够我学一辈子的了!

1	有趣	yǒuqù	形	interesting; fascinating; amusing
2	方位	fāngwèi	名	direction and position
3	现象	xiànxiàng	名	phenomenon
4	有关	yǒuguān	动	to relate to; to concern
5	角	jiǎo	名	corner
6	解释	jiěshì	动	to explain
			名	explanation
7	传统	chuántǒng	名	tradition
8	物质	wùzhì	名	objective reality; matter; substance
9	升	shēng	动	to rise
10	表示	biǎoshì	动	to show; to express; to register
11	中医	zhōngyī	名	traditional Chinese medical science
12	尊贵	zūnguì	形	honourable; respectable
13	皇帝	huángdì	名	emperor
14	坐北朝南	zuò běi cháo nán		to orientate south
15	丰富	fēngfù	形	abundant; plentiful; rich
16	一辈子	yí bèizi	名	one's lifetime; all one's life

话题讨论

1. 作者为什么经常问路？他发现了什么有意思的现象？
2. 作者的中国朋友怎么解释这种现象？
3. 作者为什么认为中国人更喜欢"东""南"这两个方位？
4. 在中国传统文化里，"东""南"为什么比"西""北"更重要？
5. 听了老师的解释，作者有什么感觉？
6. 说说你现在的方位和你们国家的方位。
7. 你迷过路吗？说一次你迷路的经历。
8. 如果有人向你问路，你怎么指路？

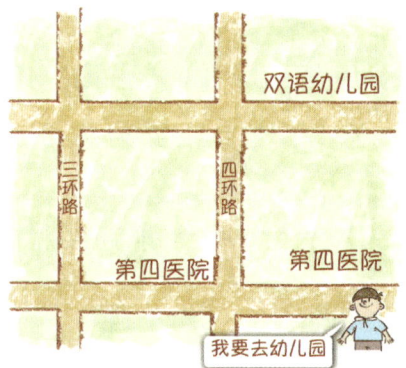

第 4 课

还是发微信吧

基本功能项及内容

	功能项	本课表达	基本结构	举例
1	询问 Asking questions	打电话时询问对方情况 Asking a question of someone on the phone	请问，……	请问，莉莉在吗？ 请问，现在说话方便吗？
2	委托 Delegating tasks	委托别人做某事 Entrusting someone with a task	麻烦 + sb + VP	麻烦你转告他给我来个电话。
3	感谢 Expressing gratitude	对别人的帮助表示感谢 Expressing gratitude after troubling someone with a task	给 + 你 / 您 + 添麻烦 + 了	谢谢，给你添麻烦了！
4	叙述 Narration	动作经历或状态持续了一定量 Describing the amount of times an action or state occurred	V + 了 + [数量]（+ N）+ 了	邮件我发了三遍了。
		重复的动作已发生或完成 Describing that a repeated action has already occurred	又 + VP + 了……	刚才我又试了一回。
5	否定 Negation	用最小量"一"全量否定 Using "一" to negate an entire quantity	一 + 量 / N + 也 + 没 / 不 + VP / Adj	电话一次也没打通。
6	选择 Making choices	与 a 比较后选择 b Choosing option "b" after contrasting it with option "a"	(a，) 还是 b 吧	电话听不清楚，还是发短信吧。

	功能项	本课表达	基本结构	举例
7	要求 Making requests	要求某人做某事 Requesting that someone do something	让 / 叫 + sb+ VP	师傅叫我明天再去拿。
8	说明 Explanation	使某人出现某种状态 Describing that someone/something affects someone else	让 / 叫 + sb+ AP/V[心理]	李老师人真好，真让人感动！
		数量多 Large amounts	(V+ 了 / 过 +) 好几 (+ 数) 量	我给他发了好几回短信。
9	列举 Giving examples	通过列举 b 来说明 a Using "b" to explain "a"	a，比如 b	有很多方法，比如发邮件。

第一部分　课前热身

1. **看一看，查一查。**

   你一般会用什么方法跟朋友联系？请你看一看前面的图，查一查图上的词。

2. **认一认，写一写。**

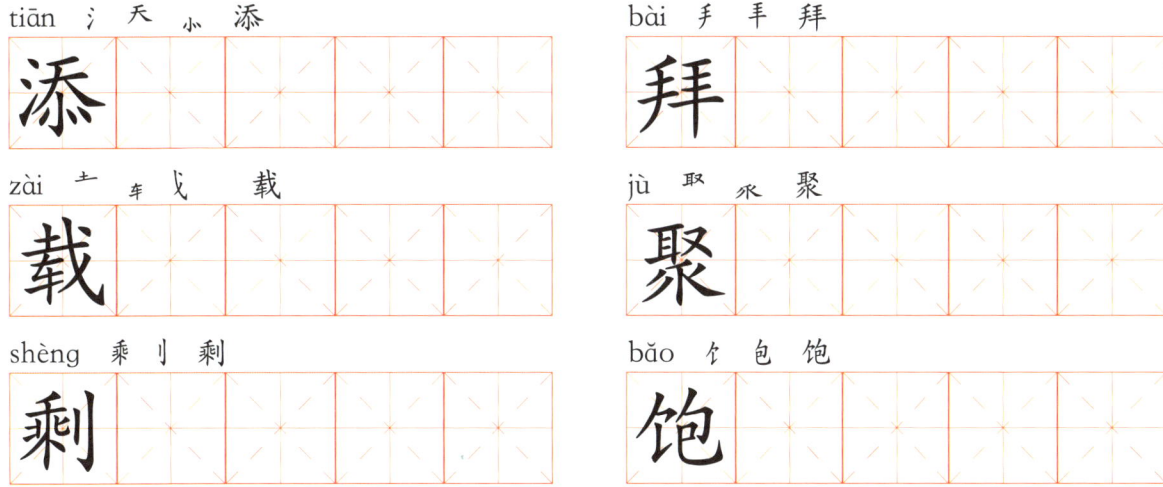

第4课　61

3. 学一学，填一填。

麻烦　联系　聚一聚　合适　解决　大饱口福　着急

（1）别_____，他一会儿就来了。

（2）我们好长时间没见了，这个周末_____吧。

（3）已经晚上十二点了，给老师打电话不_____吧？

（4）自己的事情自己做，不要总_____别人。

（5）你喜欢吃中国菜吧？这次去中国你可以_____了。

（6）以后咱们多_____，有困难互相帮助。

（7）他帮你_____了工作的问题，你别忘了感谢他啊。

第二部分　功能表达范例与训练

功能表达 1

学学打电话时怎么询问（请问，……）；**委托别人**（麻烦+sb+VP）；**感谢**（给+你/您+添麻烦+了）；**说明数量多**（(V+了/过+)好几(+数)量）

（朱迪和莉莉的房间，莉莉不在，电话响了）

朱　迪：喂，你好，请问哪位？

何大华：我叫何大华。请问，莉莉在吗？

朱　迪：她不在。你有事吗？我可以帮你转告她。

何大华：谢谢。她的手机我打了好几次，都打不通，麻烦你转告她给我来个电话。

朱　迪：你留个电话号码，好吗？她手机坏了，我担心她没你的号码。

何大华：13366053739，给你添麻烦了！

朱　迪：不客气，再见。

1	响	xiǎng	动	to make a sound; to ring	
2	转告	zhuǎngào	动	to pass on word	
3	通	tōng	动	to go through; to connect	打不通；通电话

4	麻烦	máfan	动 名	to disturb; to bother sb trouble	麻烦你了 添麻烦
5	留	liú	动	to reserve; to leave	留号码/地址；留言
6	添	tiān	动	to add; to increase	添乱

一、语言表达聚焦

1. 请问，……

   打电话时询问对方情况。

   Used to ask a question of someone over the phone.

   例：(1) 请问，李老师在吗？

   (2) 请问，现在说话方便吗？

2. 给 + 你/您 + 添麻烦 + 了

   对别人的帮助表示感谢。也可以说"麻烦你/您了"，对方可以回答"不客气""没关系""没什么"。

   Used to express one's gratitude and apologies to someone for troubling them. One can also say "麻烦你/您了", to which the subject can reply "不客气""没关系", or "没什么".

3. 麻烦 +sb+VP

   客气地委托别人做某事。

   Used to politely delegate a task to someone.

   例：(1) 麻烦您转告他，我明天有事儿找他。

   (2) 这件事你就麻烦老王帮你吧。

练一练：看图，完成对话。

（1）A：_____。

　　 B：水来了！

（2）A：_____。

　　 B：好的，我马上打110！

（3）A：_____。

　　 B：没问题！

4. （V+了/过+）好几（+数）量

说明数量多。

Describes a large amount.

例：（1）这个月我已经花了好几百块钱了。

（2）这个问题老师讲过好几遍。

练一练：看图，完成对话。

（1）

A：你的外国朋友多吗？

B：多啊，_____。

（2）

A：哇，你的字写得真漂亮啊！学了多长时间了？

B：_____。

（3）

A：这部电影你看过吗？

B：_____，太好看了。

（4）

A：这杯茶太淡（dàn, tasteless）了，没有刚才的好喝。

B：_____。

二、角色扮演

今天是杰克的生日，你给他打电话祝贺（zhùhè, to congratulate）生日。他不在，他妈妈接了电话。你们会怎么对话？两人一组，用"请问，……？""麻烦+sb+VP""麻烦你/您了！""给你/您添麻烦了！""(V+了/过+) 好几（+数）量"进行表演。

功能表达 2

学学怎么叙述动作经历或状态持续了一定量（V+了+[数量]（+N）+了）；重复的动作已发生或完成（又+VP+了……）

平　田：马克，你来回<u>走了十几分钟了</u>，怎么了？

马　克：这封邮件我已经<u>下载了三遍了</u>，都打不开。刚才<u>又</u>试<u>了</u>一回，还是不行。

平　田：是不是邮件太大了？

马　克：不是，是宿舍的网速太慢了。唉①，我给网络公司<u>打了好几次</u>电话<u>了</u>，但问题到现在也没解决。

①唉（ài）：表示叹气。

7	来回	láihuí	副	to come and go repeatedly	来回走/跑
8	封	fēng	量	used for sth sealed	一封信/邮件
9	邮件	yóujiàn	名	email	收/看/写邮件
10	下载	xiàzài	动	to download	下载邮件/电影/歌曲
11	网速	wǎngsù	名	network speed	网速快/慢；提高网速
	网络	wǎngluò	名	network	网络公司
	速度	sùdù	名	speed	速度快/慢
12	解决	jiějué	动	to solve; to resolve; to settle	解决问题/困难

一、语言表达聚焦

1. V+了+[数量]（+N）+了

   叙述动作经历或状态持续了一定量。

   Used to describe that an action or a state has occurred a certain number of times.

   例：（1）我给莉莉打了好几次电话了。（"打"了很多次。）

   （2）这本书我看了三天了。（"看"了三天，但没看完，还要继续"看"。）

练一练：根据下列内容表达。

事情	时间/数量	说话时间	句子表达
例：上汉语课	08:30～10:00	9:30	我们学了一个小时了，还要再学半个小时。
（1）练太极拳	10:30～12:00	11:00	
（2）看电视剧 (diànshìjù, television drama)	第一～六集 (jí, volume; part)	第六集	
（3）读课文	读四遍	第三遍	
（4）喝咖啡	喝了两杯	第三杯	

2. 又+VP+了……

叙述重复的动作已发生或完成。

Used to describe that an action has already occurred or been completed.

例：（1）老师又讲了一遍。

（2）刚才莉莉又唱了一首歌。

比一比：

a. 刚才很多同学没听懂，老师又讲了一遍。（已经讲了）

b. 老师，我没听懂，请再讲一遍。（还没讲）

练一练：比一比，填一填。

又 VS 再
（1）雨刚停，现在_____开始下了。
（2）这件衣服洗得不太干净，你_____洗一下吧。
（3）他昨天来过，今天_____来了。
（4）他不在，请你明天_____来。
（5）这部电影太好看了，我_____看了一遍，还想_____看两遍。

看图，完成对话。

（1）
妈妈：小猫钓(diào, to angle)到鱼了吗？
女儿：_____。

（2）
唉！真不想过生日啊，_____。

（3）
马克：短信你收到了吗？我刚才_____。
莉莉：还没收到，你_____。

（4）
女：你帮我拿着吧。
男：你有那么多衣服，_____？
女：听说前面有家商店衣服特别便宜，_____。

二、想一想，说一说

你家门口公共汽车很少，但是坐车的人很多，经常要等很长时间。你今天等了三十分钟，车还没来，你很着急。请用"V+了+[数量]（+N）+了""又+VP+了……"叙述当时的情况。

功能表达 3

学学怎么全量否定（一+量/N+也+没/不+VP/Adj）；要求某人做某事（让/叫+sb+VP）；说明使某人出现某状态（让/叫+sb+AP/V[心理]）

（莉莉在路上遇见了马克）

马　克：莉莉，最近怎么联系不上你啊？我打了好几次电话，一次也没打通；发了好几条短信，你一条也没回。

莉　莉：我的手机坏了，还没修好！你有急事找我，可以让金志英转告。

马　克：李老师星期六要请大家去她家聚一聚，让我跟大家约个合适的时间，说一个也不能少。你有空吗？

莉　莉：当然有了。李老师对咱们真好，请咱们好几回了，真让人感动！

13	遇见	yùjiàn	动	to come across; to encounter	遇见朋友
14	联系	liánxì	动	to contact	联系不上 sb；跟 sb 联系
15	发	fā	动	to send out; deliver	发邮件 / 作业
16	短信	duǎnxìn	名	SMS; message; note	发短信
17	修	xiū	动	to repair	修手机 / 车 / 电脑
18	让	ràng	动	to let; to allow; to permit; to ask	
19	聚	jù	动	to get together	聚在一起；聚餐
20	约	yuē	动	to make an appointment	约时间；约人；约齐了
21	合适	héshì	形	fit; suitable; appropriate	对……很合适
22	感动	gǎndòng	动	to move; to impress	让人感动

一、语言表达聚焦

1.
   > 一 + 量 /N+ 也 + 没 / 不 +VP/Adj
   >
   > 用最小量"一"进行全量否定。
   >
   > The number "一" can be used to negate a total amount.
   >
   > 例：（1）马克一天假也没请过。
   >
   > （2）这家店里的衣服一件也不好看。

✎ **练一练：根据下列情景，完成对话。**

（1）A：这个假期过得怎么样？

　　B：忙死了，＿＿＿＿＿＿＿＿＿＿＿＿＿＿＿。

（2）A：你的同屋汉语怎么样？

　　B：他刚来中国，＿＿＿＿＿＿＿＿＿＿＿＿＿＿＿。

（3）A：你今天买的苹果＿＿＿＿＿＿＿＿＿＿＿＿＿＿＿。

　　B：现在不是吃苹果的季节。

（4）A：来点儿啤酒吧。

B：我不会喝酒，_____。

（5）A：听说你跟别人借了一千块钱？

　　　B：怎么可能？_____。

2. **让 / 叫 +sb+VP/AP**

　　用法一：让 / 叫 +sb+VP

　　　　要求某人做某事。

　　　　Used to request that someone do something.

　　　　例：（1）老板叫你去他办公室。

　　　　　　（2）班长让你下课别走。

　　用法二：让 / 叫 +sb+AP/V[心理]

　　　　使某人出现某种状态。

　　　　Used to describe that something/someone brings about a certain state in someone.

　　　　例：（1）钱包丢了，让莉莉非常着急。

　　　　　　（2）晚上朱迪一个人出去，让我有点儿担心。

练一练：看图，完成对话。

	（1）马克：医生，我牙很疼，_____。 　　　医生：你张开嘴，_____。
	（2）妈妈：你再学一个小时英语。 　　　女儿：_____。
	（3）弟弟：妈妈，姐姐还在睡觉。 　　　妈妈：_____。
	（4）男：我们在这家餐厅吃吧？ 　　　女：厨房不太干净，_____。

二、想一想，说一说

你有一位老朋友，十年里用各种方法都联系不上。请你看图，用"一 + 量 /N+ 也 + 没 / 不 +VP/Adj""让 / 叫 +sb+VP/AP"说一说这件事。

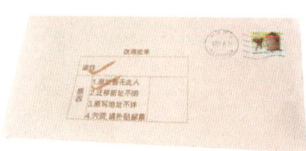  

功能表达 4

学学怎么列举（a，比如 b）；**比较后做选择**（(a,) 还是 b 吧）

（夏佳在路边打的，接到了王翻译打来的电话）

王翻译：夏佳，现在说话方便吗？想拜托你翻译个东西。

夏　佳：没问题，你什么时候要？

王翻译：比较着急，就这两天行吗，比如明天下午？我现在给你发邮件。

夏　佳：你还是快递给我吧，我家的网络坏了。

王翻译：对了，这次翻译费会比以前少……

夏　佳：对不起，王翻译，这儿太吵了，你还是给我发短信吧。

23	打的	dǎdī	动	to take a taxi	
24	拜托	bàituō	动	to request sb to do sth	
25	着急	zháojí	形	worried; anxious	让人着急；很 / 非常着急
26	比如	bǐrú	动	for example; such as	
27	吵	chǎo	形	noisy	太吵了

一、语言表达聚焦

1. a, 比如 b

   通过列举 b 来说明 a。

   Using "b" to describe "a".

   例：（1）我们班很多同学，比如杰克和马克，每天都写日记。

   （2）在中国遇到一些麻烦事，比如护照丢了，你该怎么办？

📝 **练一练：根据下列情景表达。**

你的手机卡是哪个公司的？用的是哪种套餐（tàocān, package; set）？请你根据下表的内容，向新来的同学介绍手机公司和套餐。

公司	套餐
中国移动通信 CHINA MOBILE	套餐 A　28 元　通话 50 分钟　短信 150 条　上网 100MB 套餐 B　38 元　通话 80 分钟　短信 200 条　上网 200MB
China unicom 中国联通	套餐 A　46 元　通话 50 分钟　短信 0 条　上网 150MB 套餐 B　46 元　通话 260 分钟　短信 0 条　上网 40MB
中国电信 CHINA TELECOM	套餐 A　39 元　通话 240 分钟　短信 240 条　上网 20MB 套餐 B　49 元　通话 100 分钟　短信 0 条　上网 200MB

2. （a，）还是 b 吧

与 a 比较后，选择 b。

Choosing option "b" after contrasting it with option "a".

例：（1）开车太累了，我们还是坐车去吧。

　　（2）我不过去了，还是你过来吧。

📝 **练一练：根据下列情景，提建议。**

（1）每天坐公交车有点儿麻烦，骑自行车太累，怎么办？

（2）赵可想买新电脑，好的不便宜，便宜的不好看，买哪种？

（3）莉莉想参加周六的聚会，可是下星期二有一个很重要的考试，怎么办？

（4）小陈现在的工作离家近，老板很好，可是挣钱少，他应不应该换工作？

（5）老王想锻炼身体，但是跑步总是一个人，打球要找球友，他怎么办好呢？

二、小组讨论

同学们要聚一聚，可是男生跟女生的意见不一样。两人一组，用"a，比如 b"列举介绍情况，用"（a，）还是 b 吧"经过比较做出选择。

第 4 课

时间	（1）星期五晚上十点		（2）星期六晚上七点		
地点	（1）	（2）	酒水	（1）	（2）

第三部分　课文

（马克、平田、莉莉、夏佳等人在李老师家聚餐）

李　悦：今天人来得挺齐啊，是不是<u>一个也不少</u>？

莉　莉：是啊！这得感谢马克，他约了大家<u>好几次</u>，才找到今天这个时间。

平田/夏佳：是的，辛苦马克了。

马　克：哪里哪里，还是李老师做饭更辛苦。老师，我们来吃饭，给您<u>添</u>了不少<u>麻烦</u>吧？

李　悦：还好啦，买菜做饭也是一种乐趣啊！而且这些菜也不都是我做的，<u>好几个</u>是我爱人做的。他有事儿出去了，<u>让</u>我告诉大家多吃点儿！

（吃完饭以后，大家一起聊天儿）

夏　佳：今天的菜又好看又好吃，<u>让</u>我大饱口福了。

平　田：是啊，老师准备的十二道菜，<u>一道也没剩</u>。

28	辛苦	xīnkǔ	动 形	to work hard; to go to great trouble pungent; hard; toilsome	非常辛苦
29	乐趣	lèqù	名	joy	有乐趣
30	大饱口福	dà bǎo kǒu fú		to meet the enjoyment of good foods	大饱耳/眼福
31	道	dào	量	classifier of courses	一道菜/题

莉　莉：哎呀①，吃饭前忘了拍照片了。
马　克：哈哈，看，我带照相机了，都拍了好几张了。
夏　佳：太好了，麻烦你回去传给我们。
马　克：怎么传呢？
夏　佳：有很多方法啊，比如发邮件、传到微博上。
平　田：听说中国人都用QQ，咱们也用QQ吧！
李　悦：还是发微信吧，现在微信最流行。
马　克：大家都有吧？我现在就加你们为好友！（过了一会儿）已经传给你们了。
莉　莉：呵呵②，又麻烦你了！
马　克：没事儿。（看手机）九点半了，咱们走吧，都来了三个小时了。
李　悦：别着急，再待一会儿吧。
大　家：不了，老师，您也早点儿休息吧。

①哎呀（āiyā）：表示惊讶。
②呵呵（hēhē）：形容笑声。

[微信（wēixìn，Wechat）；微博（wēibó，Microblog）]

32	剩	shèng	动	to be left	剩下；剩菜/饭
33	传	chuán	动	to send	传照片/文件
34	方法	fāngfǎ	名	means; method	好方法
35	流行	liúxíng	形	popular; fashionable	流行音乐；很流行
36	加	jiā	动	to add	加好友
37	待	dāi	动	to stay	待在家里

一、课文综合练习

1. 用"让/叫+sb+VP/AP"回答问题。

   （1）李老师请客，为什么是马克跟大家约时间？请你猜猜看。

   （2）同学们见到李老师的爱人了吗？你怎么知道的？

   （3）夏佳喜欢李老师做的菜吗？她怎么说的？

   （4）大家要求马克怎么传照片？

   （5）同学们为什么要早点儿走？

2. 用"（V+了/过+）好几（+数)量"回答问题。

    （1）约齐所有的同学去李老师家，容易吗？为什么？

    （2）所有的菜都是李老师做的，对不对？你怎么知道的？

    （3）马克拍了多少张照片？

3. 用"V+了+[数量]（+N）+了"回答问题。

    （1）平田和夏佳为什么说"辛苦马克了"？

    （2）谁带了照相机？他拍照了吗？

    （3）同学们在李老师家待了多长时间？

4. 用"麻烦+sb+VP"回答问题。

    （1）李老师可能怎么委托马克跟大家约时间？

    （2）夏佳委托马克做什么事？

5. 用"一+量/N+也+没/不+VP/Adj"回答问题。

    （1）马克为什么要约所有的同学去李老师家？

    （2）桌上的菜大家都吃光了吗？为什么？

    （3）李老师的爱人跟大家说话了吗？吃菜了吗？为什么？

    （4）夏佳、莉莉和平田拍照了吗？为什么？

6. 用"（a，）还是b吧"回答问题。

    （1）大家选择怎么传照片？为什么？

    （2）大家要走的时候，李老师说了什么？

    （3）离开的时候，同学们跟老师说了什么？

7. 用"a，比如b"回答问题。

    （1）传照片的方法多吗？有哪些？

    （2）李老师准备的菜怎么样？可能有哪些菜？请你列举一下。

8. **根据课文，回答下列问题。**

    （1）马克为什么说"还是李老师做饭更辛苦"？

    （2）夏佳为什么说"又麻烦你了"？

    （3）大家要走的时候，李老师是真的想让大家再待一会儿吗？为什么？

    （4）四位同学中，你觉得谁可能不太了解中国？你怎么会这样想？

二、课文拓展练习

1. 主人请你吃饭，你可以说哪些客气话感谢他？
2. 招待重要的客人，你会在饭店请客还是在家里请客？为什么？
3. 你有微信吗？你经常用哪种方法跟朋友联系？为什么？

第四部分　综合表达训练

1. **根据学过的内容，完成语段。**

　　小张一个人住，每天晚上都用电脑上网跟朋友聊天儿。可是昨晚七点突然停电(tíngdiàn, power cut)了，他不能＿＿＿＿＿，不能＿＿＿＿＿。他＿＿＿＿＿((V+了/过+)好几(+数)量)，电还是没有来，＿＿＿＿＿(让/叫+sb+VP/AP)。他想："电真是太重要了，没有电，＿＿＿＿＿(一+量/N+也+没/不+V)，＿＿＿＿＿(还是……吧)。"

　　小张拿出手机，又遇到了个问题。用手机聊天儿有很多方法，＿＿＿＿＿(比如……)。哪个又方便又便宜呢？他＿＿＿＿＿(又+VP+了……)，最后决定＿＿＿＿＿((a,)还是b吧)。

2. **课后小调查：最常用的联系方法。**

请你根据下表，调查一下不同国家同学的常用联系方法，然后尽量多用本课学过的词语或功能，告诉全班同学你的调查结果。

你的调查应该有下面的内容：
（1）他们的联系方法是不是最流行的？
（2）他们用这种联系方法的原因。
（3）在他们国家，最近十年人们的联系方法有没有变化？有哪些变化？
（4）你对调查结果的看法。

3. **试一试，写一写。**

你的老师要过六十岁生日了，正好同学们要举行毕业十周年聚会。请你给老师写封邮件，问候他，祝贺生日并请他参加聚会。请尽量多用本课学过的词语或功能。

第五部分　文化读本

开始读之前，先认识下面的词语。

贺卡	电报	大哥大	彩信	可视通话
(hèkǎ)	(diànbào)	(dàgēdà)	(cǎixìn)	(kě shì tōnghuà)

日新月异的联系方式

20世纪80年代以前，人们靠写信来联系，过年过节寄贺卡表示问候。有急事的时候就去邮局发电报。那时，大多数家庭一部电话也没有，给外地打电话都得去邮局。因为联系一点儿也不方便，所以收到来信是件让人高兴的事情。

20世纪80年代以后，中国经济发展了，人们开始有钱装电话了。家庭电话方便是方便，可是不能搬来搬去。后来，有人发明了手机。一开始，手机又大又沉，叫作"大哥大"，是有钱人用的联系方式。

20世纪90年代以后，手机变得越来越小，价格越来越便宜，功能也越来越多，发生了好几次变化了，比如从打电话到发短信，从发普通短信到发彩信，从一般通话到可视通话。现在，又发生了一种新变化，人们开始用手机上网，发QQ消息、微博、微信了，手机渐渐成为了最流行的联系方式。

可以说，人们的联系方式正在发生日新月异的变化。你想一下，再过几年，人们会用什么来进行联系呢？

1	靠	kào	动	to depend on
2	问候	wènhòu	名	compliment; greeting; regard
3	家庭	jiātíng	名	family; household

4	外地	wàidì	名	parts of the country other than where one is
5	装	zhuāng	动	to assemble; to install
6	发明	fāmíng	动	to invent
7	沉	chén	形	heavy
8	功能	gōngnéng	名	function
9	发生	fāshēng	动	to happen; to occur; to take place
10	通话	tōnghuà	动	to communicate by telephone
11	渐渐	jiànjiàn	副	gradually; slowly; step by step
12	方式	fāngshì	名	way; fashion; pattern
13	日新月异	rìxīn-yuèyì		to change with each passing day

话题讨论

1. 20世纪80年代以前，人们怎么联系？为什么不用电话联系？
2. 20世纪80年代到90年代，人们的主要联系方式是什么？
3. 现在，手机可以用来做什么？
4. 文章中共提到了几种联系方式？这些联系方式在你们国家也流行过吗？
5. 人们的联系方式为什么会有日新月异的变化？
6. 过节时，你喜欢用哪种联系方式问候家人和朋友？说说你这样做的原因。
7. 文中问："再过几年，人们会用什么来进行联系呢？"说说你的想法。

第 5 课

就要这个牌子的吧

基本功能项及内容

	功能项	本课表达	基本结构	举例
1	询问 Asking ques-tions	问牌子 Asking about a brand	什么+牌子/牌儿+的	什么牌子的?
		问量度 Asking about size	多+Adj[量度]	你穿多大的?
		问折扣 Asking about discounts	打+几+折	打几折?
2	无奈 Reluctance	放弃做某事 Giving up on something	算了,……	算了,我不买了。
3	评价 Evaluating	合适不合适 Describing something as suitable or unsuitable	S+（不）适合+O	这款手机适合学生用。
		事物在某方面勉强让人接受 Describing something as just barely adequate	N[某方面]+马马虎虎	质量马马虎虎。
		略超某个量 Describing something as slightly exceeding a certain level	Adj+了+（一）点儿	西瓜贵了一点儿。
4	希望 Desire	希望达到满意的量 Hoping that something will reach a desired level	Adj+（一）点儿	能便宜一点儿吗?
5	列举 Giving examples	列举理由或情况 Giving examples to support a reason or situation	一是a,二是b	一是国际名牌,质量好,二是价格不贵。

	功能项	本课表达	基本结构	举例
6	比较 Comparison	对 a 的满意度达不到 b 的水平 Expressing that one is not as satisfied with "b" as with "a"	a 不如 b+ Adj	国产的质量不如进口的好。
7	说明 Explanation	大概数量 Approximate amounts	[整数零结尾]+来+量（+N）	三十来块就够了。
			[整数零结尾]+多+量（+N）	五斤来重的西瓜，就得四十多块钱。
			[整数个位]+量连续量+来/多+N	
8	肯定/否定 Affirmation/Negation	全部肯定或全部否定 Completely affirming or completely negating something	什么（+N）+都/也（+不/没）+V/Adj	售货员什么也不回答。这里什么鞋子都有。
9	决定 Making decisions	确定某个选择 Confirming a decision	就……吧	就买这个牌子的吧。
10	犹豫 Hesitation	不能做出决定 Unable to make a choice	拿不定主意（+[疑问形式]）	我拿不定主意买哪个牌子。

第一部分　课前热身

1. **看一看，查一查。**

   你常常能买到又好又便宜的东西吗？请读一读前面图上的句子，查一查不认识的词。

2. 认一认，写一写。

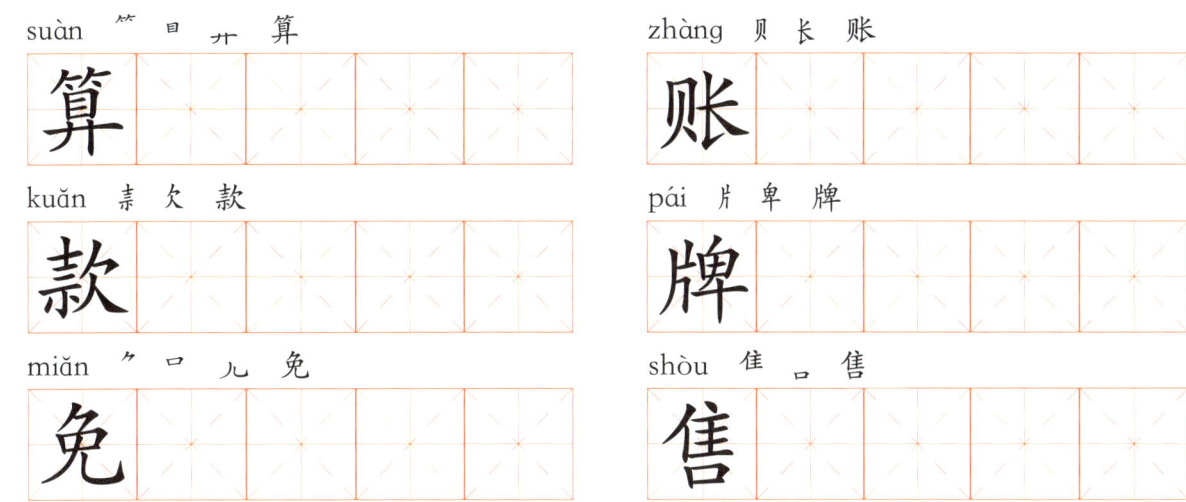

3. 学一学，填一填。

新鲜　质量　适合　显得　态度　主要　陪　直接

（1）我来中国的_____目的是学习汉语。

（2）刚下过雨，空气很_____。

（3）我家的电视_____不好，总坏。

（4）那个服务员的_____真差，真让人生气。

（5）这种颜色很_____你，你买吧。

（6）你有时间多_____父母吃吃饭吧，他们很想你。

（7）夏佳今天_____很高兴，可能遇到什么好事了。

（8）我坐的飞机先到北京，再到上海，不是_____飞到上海的。

第二部分　功能表达范例与训练

功能表达 1

学学怎么评价略超某个量（Adj+了+（一）点儿）；希望达到满意的量（Adj+（一）点儿）；说明大概数量（[整数]……来/多）；表示无奈（算了，……）

（马克和老板在市场讨价还价）

马　克：老板，西瓜贵了点儿，能便宜一点儿吗？

老　板：西瓜刚上市，这么新鲜，八块钱一斤一点儿也不贵。

马　克：怎么不贵呀？五斤来重的西瓜，就得四十多块钱。

老　板：你买个再小点儿的，你手边那个，三十来块就够了。

马　克：算了，我不买了，过两天再说吧。

1	市场	shìchǎng	名	market	超级市场
2	讨价还价	tǎojià-huánjià		to close a bargain; to bargain	
3	上市	shàngshì	动	to come on the market	
4	新鲜	xīnxiān	形	fresh	新鲜的水果
5	算了	suàn le		to drop it; to leave it at that	

一、语言表达聚焦

1. Adj+（一）点儿

   实际的量度不符合预期标准，希望或要求达到满意的量。

   Expresses that the quality of something does not match the standard that one has anticipated and that one hopes or requests that it will.

   例：（1）你的声音太小了，再大（一）点儿。

   　　（2）朱迪的手受伤了，你轻（一）点儿。

2. Adj+了+（一）点儿

   评价略超某个量，一般表示不满意。

   Describes something that slightly exceeds a certain amount. Usually used to express dissatisfaction.

   例：（1）这次考试难了（一）点儿，有些题学生可能不会做。

   　　（2）这个月你胖了（一）点儿，要多运动哦。

   比一比：

   　　a. 这件衣服有点儿大，买那件吧。（描述"大"的程度）

   　　b. 这件衣服大了点儿，买那件吧。（对"大"不满意）

   　　c. 这件衣服小了，大一点儿就好了。（希望"大"）

- 练一练：比一比，填一填。

一点儿 VS 有点儿
（1）她今天考试考得不好，_____不高兴。
（2）你骑车骑得太快了，慢_____好不好？
（3）我家离学校_____远，我得买辆自行车。
（4）路上车很多，你明天最好早_____去火车站。
（5）这家商场 (shāngchǎng, shopping mall) 的东西_____贵，换个商店，我想买便宜_____的。
（6）张老师这两天感到_____咳嗽 (késou, to cough)，肚子总是_____疼。

- 练一练：根据下列情景，完成对话。

  （1）A：老板，_____？

   B：这种菜已经很便宜了，不能再便宜了。

  （2）A：这幅画挂在这儿，太低了吧。

   B：是的，_____。

  （3）A：去那儿看电影，走路得二十分钟。

   B：_____，我们还是开车去吧。

  （4）A：火车要开了，只剩五分钟了，_____。

   B：好的，来了来了。

3. [整数]……来/多

   说明大概数量。

   Describes an approximate amount.

   用法一：[整数零结尾]+ 来 + 量（+N）

   说明比某个整数略大或略小的大概数量。

   Used to describe an approximate amount that is slightly larger or smaller than a certain whole number.

   以 0 结尾的整数

   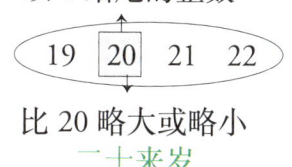

   比 20 略大或略小
   二十来岁

   例：（1）我猜她只有二十来岁。

第 5 课

用法二：[整数零结尾] + 多 + 量（+N）

说明比某个整数大一些的大概数量。

Describes an approximate amount that is somewhat larger than a certain whole number.

（2）妈妈二十多岁就结婚了。

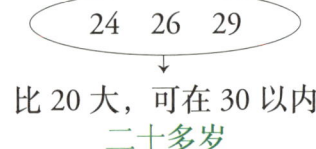

用法三：[整数个位] + 量连续量 + 来/多 +N

说明表示个位数量的概数。

Describes an approximate of an amount that is a unit of one.

（3）这个箱子有三斤来重/三斤多重。

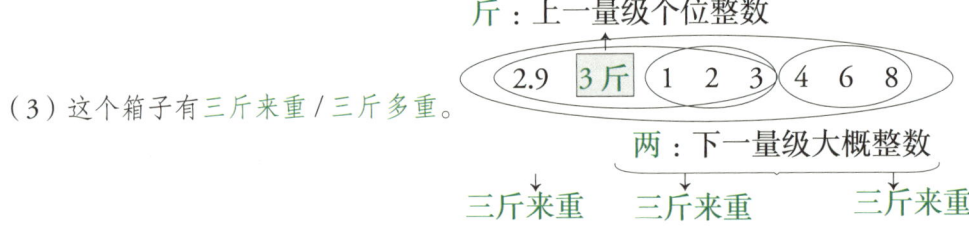

（比三斤略小或略大，两斤九两或三斤一两）（比三斤大，三斤四两或六两等）

注意：用法三的量词应具有上下量级关系，如"钱"有分、角、元等不同量级；"重量"有两、斤等不同量级。前面的整数表示上一量级的数量，"来/多"表示下一量级的大概数。"来/多"的后面要加上名词，"重"表示重量。再如"三块来钱""两个来小时"等。

练一练：根据下列情景，完成对话。

（1）A：昨天酒吧里人多吗？
　　B：_____。

（2）A：这条鱼真大啊，_____？
　　B：差不多，够大的。

（3）A：你说，我每个月挣多少钱能过上这样的生活？
　　　B：_____。

（4）A：我想像他一样成为中国通，得多长时间？
　　　B：那可不容易，_____。

（5）A：你昨天看球喝了几瓶啤酒？
　　　B：_____，小意思。

（6）A：听说现在小学生的书包挺重的。
　　　B：是啊，我孩子的书包_____。

4. 算了，……

表示无奈，放弃做某事。

Expresses that one will give up on something due to a lack of options or because there is a better choice.

例：（1）算了，我不买了。
　　（2）算了，咱们都别再说了。

练一练：看图说话。

（1）　　　　　　（2）　　　　　　（3）

二、角色扮演

你去服装市场买衣服，跟老板讨价还价。两人一组，请用"Adj+（一）点儿""Adj+了+（一）点儿""[整数]……来/多"和"算了，……"进行表演。

第5课

功能表达 2

学学怎么询问牌子（什么+牌子/牌儿+的）；**询问折扣**（打+几+折）；**比较**（a不如b+Adj）；**评价合适不合适**（S+(不)适合+O）

售货员：你好，你是想买国产的手机还是进口的？

莉　莉：国产的不如进口的好吧？

售货员：那不一定。这款国产手机质量不错，样子漂亮，价钱也很便宜，适合学生用。

莉　莉：好像挺不错的。是什么牌子的？

售货员：熊猫牌的。现在买，还可以打折呢。

莉　莉：那好吧。打几折？

售货员：打九折。你怎么结账？付现金吗？

莉　莉：我还是刷卡吧。

6	售货员 ~员	shòuhuòyuán yuán	名	staff member member	一名售货员 售票员；服务员；营业员
7	国产	guóchǎn	形	homemade	国产商品；国产货
8	进口	jìnkǒu	动	to import	进口商品；进口货
9	不如	bùrú	动	not up to; inferior to	
10	款	kuǎn	名	style	一款手机
11	质量	zhìliàng	名	quality	商品/生活质量
12	适合	shìhé	动	to agree with	适合sb；适合当老师
13	牌子	páizi	名	brand	
14	打折	dǎzhé	动	to sale; to give a discount	打九折
15	结账	jiézhàng	动	to check out; to pay the bill	
16	付	fù	动	to expend; to pay	
17	现金	xiànjīn	名	cash	付现金
18	刷卡	shuākǎ	动	to swipe a card	

一、语言表达聚焦

1. **什么 + 牌子 / 牌儿 + 的**

   询问商品的牌子。

   Used to ask the brand of an item.

   例：（1）这套西装是什么牌子的？

   （2）这辆自行车是什么牌儿的？

2. **打 + 几 + 折**

   询问折扣。

   Used to ask about a discount.

   例：A：全场商品都打折。

   B：打几折？

   A：全部八五折。

3. **a 不如 b+Adj**

   表示比较，对 a 的满意度达不到 b 的水平。

   Expresses a comparison. One is not as satisfied with "b" as with "a".

   例：（1）这个苹果不如那个（苹果）甜。

   （2）骑车不如开车方便。

   （3）哥哥跑得不如弟弟快。

   （4）爷爷的身体今年不如去年（好）。（比较同一事物的不同时期，要不要"好"，不影响句子的意思。）

练一练：看图，完成对话。

|  | （1）A：听说大家都叫你"小姚明"，是不是你篮球打得跟他一样好？
B：哪里哪里，＿＿＿＿＿＿＿＿＿＿。 |

现在　以前	（2）A：这座城市的空气质量怎么样？ B：_____。
	（3）A：你觉得用哪个看新闻方便？ B：_____。
	（4）A：你买东西时，喜欢去市场还是大商场？ B：我喜欢去_____，因为_____。 A：我跟你不一样，_____。

4. S+（不）适合 +O

   评价合适不合适。

   Evaluates something as being suitable or unsuitable.

   例：(1) 他汉语很好，适合当老师。

   　　(2) 这件衣服的颜色不太适合你。

   比一比：

   　　a. 这本教材对留学生很合适。（形容词，没有宾语）

   　　b. 这本教材很适合留学生。（动词，可以带宾语）

练一练：比一比，填一填。

适合 VS 合适
（1）他做事很认真，比较_____当班长。
（2）刚吃完饭不_____马上跑步。
（3）穿着高跟鞋（gāogēnxié, high-heeled shoes）跑步_____吗？
（4）你年纪太小了，穿这件衣服不_____，你应该穿_____你年纪的衣服。
（5）茶可能不太_____西方人，咖啡可能更_____。
（6）当老板对我不_____，我还是_____做职员。

- 练一练：看图，完成对话。

（1）A：这几件衣服挺漂亮，你不试试？
　　B：不了，＿＿＿＿＿＿＿＿。

（2）A：天热了，我们买双拖鞋穿吧？
　　B：上课穿吗？＿＿＿＿＿＿＿＿。

（3）A：吃完饭了吧？快吃药吧。
　　B：得过半个小时，＿＿＿＿＿＿＿＿。

（4）A：你找到工作了吗？
　　B：没呢，＿＿＿＿＿＿＿＿。

二、角色扮演

你去超市买洗发水。售货员向你介绍了右图的这两种。两人一组，请用"a 不如 b+Adj""S+（不）适合+O""打+几+折""什么+牌子/牌儿+的"进行表演。

海飞丝（Hǎifēisī）65 元　　沙宣（Shāxuān）79 元

功能表达 3

学学怎么列举理由或情况（一是 a，二是 b）；**评价事物勉强让人接受**（N[某方面]+马马虎虎）；
全部肯定或否定（什么（+N）+都/也（+不/没）+V/Adj）

马　克：思思，你怎么不买刚才试的那件衣服啊？

陈思思：一是颜色太深了，不太适合我，二是质量不太好。

马　克：颜色马马虎虎，你穿显得皮肤挺白的，可是样式有点儿老。

陈思思：还有啊，那个售货员态度也不够热情，我问她问题，她什么也不回答。

马　克：没关系，买衣服不能马虎，这家商场很大，什么样的衣服都有，我们再去其他地方逛逛吧。

第 5 课

19	深	shēn	形	dark; deep	颜色深；感情深
20	马马虎虎	mǎmǎhūhū	形	not so bad; so-so	身体马马虎虎
21	显得	xiǎnde	动	to look; to seem; to appear	
22	态度	tàidù	名	manner; attitude	服务/学习态度；态度好
23	马虎	mǎhu	形	careless; negligent	很马虎；学习/工作马虎

一、语言表达聚焦

1. **N[某方面]+ 马马虎虎**

   评价事物在某方面勉强让人接受。

   Evaluates a certain aspect of an object as only barely adequate.

   例：（1）A：小王的工作怎么样？　　B：马马虎虎吧。

   　　（2）A：这次考试，莉莉考得好吗？　　B：马马虎虎。

2. **一是a，二是b**

   列举理由或情况。

   Used to provide examples to support a reason or situation.

   例：（1）A：你为什么跟他结婚？

   　　　　B：一是长得很帅，二是他很爱我。

   　　（2）这件衣服我觉得不够好，一是颜色不适合你，二是有点儿大。

✎ 练一练：看图，完成对话。

	（1）A：这个电视剧你为什么看好几遍？　B：_____。
	（2）A：你觉得这双鞋哪里好呢？　B：_____。
	（3）A：你为什么不坐公交车上班？　B：_____。

Lesson 5

（4）A：为什么出国留学的高中生越来越多了？

　　　B：_____。

3. 什么（+N）+ 都 / 也（+ 不 / 没）+V/Adj

   全部肯定或全部否定。

   Used to either confirm or negate something completely.

   例：（1）莉莉特别爱买东西，在超市里，看到什么东西都想买。

   　　（2）他整天什么也不干，就是睡觉。

   　　（3）朱迪生病了，什么都不吃。

练一练：根据下列情景，完成对话。

（1）A：你早上不是上街了吗？买的东西呢？

　　B：唉！现在_____，所以我_____。

（2）A：你想吃点什么？

　　B：随便，_____。

（3）A：你怎么不去运动呢？

　　B：_____。

（4）A：老师，您什么时候方便，我们到您家去看看怎么样？

　　B：好啊，欢迎你，_____。

二、想一想，说一说

莉莉去花店买花送给朋友，老板介绍了两束花，她看了都不满意，最后才看到喜欢的。请用"N[某个方面]马马虎虎""什么 + 都 / 也（+ 不 / 没）+V/Adj""一是 a，二是 b"说一说。

①　　　　②　　　　③

功能表达 4

学学怎么问量度（多 +Adj[量度]）；**犹豫**（拿不定主意（+[疑问形式]））；**决定**（就……吧）

（夏佳在教室看笔记本电脑的广告）

第 5 课

夏　佳：马克，我的笔记本太旧了，想换一台，可是拿不定主意买什么牌子的。你帮我做个决定吧。

马　克：这几个牌子都不错。你想花多少钱？买多大的？主要用来做什么？

夏　佳：四千多块吧，不要超过五千。十四英寸就行了，主要是用来学习。

马　克：那你就买这个蓝色的吧，一是国际名牌，质量好，二是价格不贵，大小也合适，很适合你。

夏　佳：听你的，就这台吧。

24	决定	juédìng	名	decision	做决定
			动	to decide	决定去北京
25	旧	jiù	形	old; used	旧电脑/衣服
26	主要	zhǔyào	形	main; chief; principal; major	
27	超过	chāoguò	动	above; morn than; to exceed	超过一百块
28	英寸	yīngcùn	量	inch	

一、语言表达聚焦

1. 多 + Adj[量度]

   问量度，如号码/重量/长度/高度等，形容词大多数是单音节的。

   Used to ask the size, weight, length or height of something. The adjective is usually a one-syllable word.

   例：（1）从这里去机场，有多远？

   　　（2）你要买多大的衣服？

练一练：看图提问。

（1）　　　　（2）　　　　（3）　　　　（4）

2. **拿不定主意（+[疑问形式]）**

犹豫，不能做出决定。

Expresses hesitation or the inability to make a decision.

例：（1）马克一直拿不定主意选哪个专业。

（2）小李拿不定主意去英国留学还是去美国留学。

（3）去不去参加开学典礼，我还拿不定主意。

✎ **练一练：根据下列情景，进行表达。**

小李快要大学毕业了，下面是他的一些打算，他不知道怎么决定。根据下列情景，用"拿不定主意（+[疑问形式]）"完成表达。

 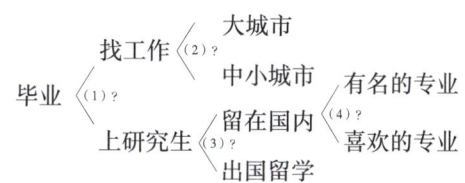

3. **就……吧**

表示决定，确定某个选择。

Expresses that a decision has been made and confirmed.

例：（1）就这样吧，别再想了。

（2）A：你买哪一件衣服？

　　　B：就买这件白色的吧。

✎ **练一练：根据下列情景，完成对话。**

（1）A：我们什么时候去旅游？

　　B：_____。

（2）A：选谁当班长呢？

　　B：_____。

（3）A：天这么热，我们做什么运动呢？

　　B：_____。

（4）A：这么多歌，唱哪一首好呢？

　　B：_____。

二、角色扮演

一对夫妻去买车，他们一开始在牌子、大小和颜色上拿不定主意，最后才做出了决定。请用"多 +Adj[量度]""拿不定主意（+[疑问形式]）""就……吧"进行表演。

帕萨特（Pàsàtè，PASSAT）16 万

长：4868mm；宽：1833mm；

高：1472mm

新福克斯（Xīn Fúkèsī，FOCUS）15 万

长：4534mm；宽：1823mm；

高：1483mm

第三部分　课文

（陈思思陪马克去商场买运动鞋）

马　　克：哇，这家商场真大，我们直接去看运动鞋吧。

陈思思：行啊。我记得卖运动鞋的在二楼。我总来这儿买鞋，这儿什么鞋都有，服务态度也好。

马　　克：（上楼以后）这么多鞋啊，我都看花眼了，拿不定主意买哪种了。

陈思思：你先想好要花多少钱，然后再看样式和颜色。

马　　克：六百来块的吧。

陈思思：你要买什么牌子的？

马　　克：我对什么牌子都不了解。这双鞋挺好看的，什么牌子的？

29	陪	péi	动	to accompany	陪客人；陪人逛街
30	直接	zhíjiē	副	direct; immediate	直接说
31	看花眼	kàn huā yǎn		dizzy	

陈思思：我没听说过，盒子上面写着中美合资，牌子应该不错，样式也马马虎虎，你先试试吧。你穿多大的？

马　　克：9码。

陈思思：中国尺码可能是43。服务员，麻烦您拿双43的。

（马克试鞋）

马　　克：这双穿着不如我脚上的舒服，紧了一点儿。

售货员：那你试试这双七百四的吧。这双鞋一是肥一点儿，二是很轻，走路不累，最适合爱运动的人。

马　　克：（试了一下）这双确实很合适。能打折吗？

售货员：打九五折。

陈思思：才九五折？广告上不是说"五折起"吗？马克，算了吧，这么贵，咱们再逛逛。

售货员：五折起的是过季的，这双是新上市的，而且是国际名牌，一个月内有质量问题可以免费退换。

马　　克：思思，我觉得名牌质量会好一点儿，就要这个牌子的吧。

售货员：您怎么结账？

马　　克：刷卡吧，在哪儿刷？

售货员：楼梯口左边的二号收银台。

32	盒子	hézi	名	box; case	盒子里；打开盒子
33	合资	hézī	动	to joint investment	合资公司
34	尺码	chǐmǎ	名	size	尺码大/小
35	紧	jǐn	形	tight	
36	肥	féi	形	wide	裤子有点儿肥
37	轻	qīng	形	light	
38	过季	guòjì	动	out-of-season	过季商品；过季打折
39	内	nèi	名	inner; inside	一年内
40	免费	miǎnfèi	动	to be free of charge	
41	收银台	shōuyíntái	名	cashier desk	

一、课文综合练习

1. 用"[整数]……来/多"回答问题。

    （1）马克想买多少钱的鞋？最后买了多少钱的鞋？

    （2）马克的鞋如果五个星期以后发现问题，可以免费退换吗？为什么？

2. 用"Adj+（一）点儿"或"Adj+了+（一）点儿"回答问题。

    （1）马克试的第一双鞋为什么不合适？

    （2）马克希望买什么样的鞋？

    （3）马克最后买鞋花了多少钱？跟原来想的价格比起来呢？

3. 用"S+（不）适合+O"回答问题。

    （1）陈思思为什么带马克来这家商场？

    （2）马克怎么没买他试的第一双鞋？

    （3）马克为什么买这双鞋？

4. 用"一是a，二是b"回答问题。

    （1）陈思思怎么向马克介绍他们去的商场？

    （2）服务员怎么推荐那双七百四的运动鞋？

    （3）马克为什么最后决定买那双七百四的鞋？

5. 用"什么（+N）+都/也（+不/没）+V/Adj"回答问题。

    （1）陈思思为什么总在那家商场买鞋？

    （2）马克了解运动鞋的牌子吗？

6. 用"a不如b+Adj"回答问题。

    （1）马克试的第一双鞋比他脚上的舒服吗？

    （2）请你比较一下马克试的两双鞋。

    （3）陈思思为什么提到广告上的"五折起"？

7. 根据课文，回答下列问题。

    （1）陈思思和马克有没有逛商场的一楼，你怎么知道的？

    （2）马克上楼后，为什么说自己看花眼了？

    （3）陈思思建议马克怎么买鞋？

    （4）陈思思为什么让马克试试看到的第一双鞋？

    （5）"五折起"是什么意思？都是些什么鞋？

    （6）陈思思为什么对马克说"算了"？

（7）马克最后买了哪双鞋，他怎么说的？

（8）马克怎么结账的？在哪儿结的？

二、课文拓展练习

1. 你买东西时通常怎么结账？来中国以后有变化吗？为什么？
2. 如果你是商场的售货员，你会怎么向顾客介绍商品？

第四部分　综合表达训练

1. 根据学过的内容，完成语段。

　　来中国以后，我很喜欢逛街，＿＿＿＿＿＿＿＿＿＿＿＿＿＿＿（一是a，二是b）。因为经常去逛街，我发现了一件有意思的事情，那就是卖衣服的售货员最爱说三句话。哪三句话呢？第一句是"……了一点儿"，比如你觉得衣服太大了时，她会说："这件衣服就＿＿＿＿＿＿＿＿＿＿＿＿＿＿＿（一点儿），穿在你身上，真美啊！"第二句是"这件衣服＿＿＿＿＿＿＿＿＿＿＿＿＿＿＿（S+（不）适合+O），谁穿都＿＿＿＿＿＿＿＿＿＿＿＿＿＿＿（a不如b）。"第三句是"像你这样的美女，＿＿＿＿＿＿＿＿＿＿＿＿＿＿＿（什么（+N）+都/也（+不/没）+V/Adj）"。售货员说的话好听是好听，但不一定是真的。所以，有时候他们说得太多，我会＿＿＿＿＿＿＿＿＿＿＿（拿不定主意+[疑问形式]），好几次＿＿＿＿＿＿＿＿＿＿＿＿＿＿＿（什么（+N）+都/也（+不/没）+V/Adj）就回家了。

2. 完成任务。

马克对中国茶非常感兴趣。他去一家商店买茶叶，售货员热情地向他介绍。他试喝以后，买了最适合自己的茶叶，然后结账。两人一组，进行表演。请尽量多用学过的词语和功能。

绿茶	红茶	花茶	乌龙茶
适合夏天喝	适合冬天喝	适合春天喝	适合秋天喝
43.5元/两（50g）	38元/两	18元/两	55元/两

3. 试一试，写一写。

请根据课文，写一写马克买鞋的故事。请尽量多用学过的词语和功能。

第五部分　文化读本

购物文化

看到这个题目，你也许会感到奇怪："购物不就是买东西吗？还有什么文化啊？"

购物也是有文化的。比如，在中国，人们买东西时一般不会问售货员"哪个卖得最好""哪个买的人多一点儿"，不觉得售货员的建议会适合自己。为什么会这样呢？一是可能跟服务水平有关。不少中国人觉得售货员什么也不懂，对商品的介绍也马马虎虎。二是中国人习惯在买东西以前，自己先花时间了解市场，问售货员不如靠自己。所以，你在中国买东西，应该先做好准备工作。再比如购物时间。在国外有的地方，周末和节假日是休息时间，一些小商店会关门。可是，在中国，周末、节假日是购物高峰，家家商场都开门。如果你了解这种文化，购物时就会比较方便。

当然，最有中国特色的购物文化是讨价还价。各个地方还价的方法都不一样。在有些地方还价，你可以先还一半，再慢慢往上加，最后到价钱合适的时候，就可以对老板说："算了，就这个价钱吧。"同样的方法到了其他地方，就可能不合适，有时还会让老板不高兴，觉得你影响了他做生意。正因为这样，你到了一个新地方，别直接去买东西，应该先打听一下当地人还价的方法。如果不这样，你可能**拿不定主意**怎么还价。

如果你有时间，多跟中国朋友聊聊，购物时你就会买到又好又便宜的商品。

1	感到	gǎndào	动	to feel
2	购物	gòuwù	动	to go shopping
3	节假日	jiéjiàrì	名	festival and holiday
4	高峰	gāofēng	名	peak; summit; height
5	影响	yǐngxiǎng	动	to affect; to influence
6	生意	shēngyi	名	business; trade
7	打听	dǎting	动	to inquire; to question; to ask; to investigate; to probe
8	当地	dāngdì	名	local

话题讨论

1. 你买东西时会问售货员哪些问题？售货员一般怎么回答？
2. 为什么中国人一般不觉得售货员的建议会适合自己？
3. 中国商场一般几点开门？几点关门？请你了解一下，再跟你们国家的比较。
4. 你常常讨价还价吗？在什么地方讨价还价？请说说你讨价还价的方法。
5. 作者为什么建议人们到了一个新地方，先打听一下还价的方法？
6. 每个人都想买到又好又便宜的东西，可是也有人说"好货不便宜，便宜没好货"，谈谈你的看法。

第 6 课

健康的饮食比什么都重要

社会越发展,人们的生活节奏越快。吃快餐节省时间。

健康的饮食比什么都重要!

我看,吃快餐不是一种健康的饮食方式。

快餐流行起来了,为什么呢?

常吃葱和姜,
不用医生开药方。
三餐八分饱,
一天八杯水。
早上要吃好,
中午要吃饱,
晚上要吃少。

基本功能项及内容

	功能项	本课表达	基本结构	举例
1	描述 Description	动作或变化的结果 Describing the results of an action or change	V+ V/Adj	他花光了所有的钱。
		b 随着 a 的变化而程度增强 Describing how "b" increases as "a" changes	越 a 越 b	快餐店越开越多。
2	叙述 Narration	动作或状态开始并继续 Describing the starting and continuation of an action or state	V/Adj + 起来	快餐一下子发展起来了。
3	可能 / 不可能 Possibility/Impossibility	动作、变化能不能实现 Describing the likelihood/unlikelihood of an action or change being realized	V 得 / 不了	你做这么多饭，吃得了吗？时间长了，身体会受不了的。
4	估计 Estimation	根据情况得出结论 Drawing a conclusion based on a situation/condition	a，看来 b	快餐店越来越多，看来它很受欢迎。
5	建议 Giving suggestions	用发表自己看法的方式提出建议 Giving a suggestion by expressing one's opinion	我看……	我看咱们订外卖吧。
6	比较 Comparison	与任一事物比较，得出"a 最 Adj"的结论 Using a nonspecific comparison : "'a' is the most..."	a 比 + 疑问代词 + 都 + Adj	健康的饮食比什么都重要。

	功能项	本课表达	基本结构	举例
7	听任 Allowance	按自己的想法去做某事 Doing something according to one's own thinking	疑问代词₁……（就）疑问代词₁……	你爱吃什么就点什么，想吃多少就吃多少。
8	劝告 Advice	用道理告诉人做某事 Using reason to tell someone to do something	sb₁+劝+sb₂+VP	我劝你做饭吃，很经济卫生。
9	遗憾 Regret	没能完成某事或某事未能如愿 Describing a situation that one cannot complete or cannot be completed in the way one hopes	真可惜 / 可惜的是，……	真可惜，肉多好吃啊！

第一部分　课前热身

1. 看一看，查一查。
   你觉得自己的饮食健康不健康？请你读一读前面图上的句子，查一查不认识的词。

2. 认一认，写一写。

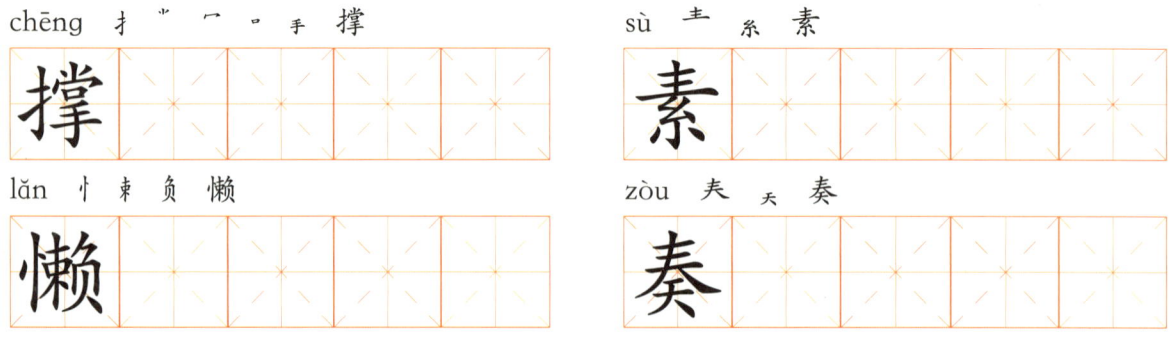

jiū 穴 九 究　　究

zhǔ 者 灬 煮　　煮

3. 学一学，填一填。

享受　口味　发现　讲究　节奏　节省　发展　道理

（1）我喜欢听_____快的歌。

（2）我_____爱看书的人越来越少了。

（3）最近三十年，中国经济_____得很快。

（4）这些菜适合你的_____吗？

（5）如果吃东西不_____卫生，就很容易生病。

（6）他比你年龄大，说的话也有_____，你应该听他的。

（7）要_____美好的生活，每个人都得努力。

（8）我喜欢吃快餐，是因为觉得它_____时间。

第二部分　功能表达范例与训练

功能表达 1

学学怎么描述动作或变化的结果（V+V/Adj）；建议（我看……）

陈思思：七点了，食堂饭 卖完 了，我看 咱们订外卖吧？

马　克：好的，吃什么好呢？

陈思思：有家四川饭馆很不错，特色菜是辣炸鸡翅和水煮牛肉。你能吃辣的吗？

马　克：我能吃辣的，辣的很下饭。中午吃辣的都 吃撑 了。

陈思思：那晚上少吃点儿，我看 点两道清淡的吧。

[辣炸鸡翅（làzhá jīchì, spicy fried chicken wings）；水煮牛肉（shuǐzhǔ niúròu, poach beef with hot chili）]

| 1 | 食堂 | shítáng | 名 | dining-room | |

2	订	dìng	动	to order	订票/座
3	外卖	wàimài	名	carry-out; takeaway	点/叫外卖
4	特色	tèsè	名	characteristic	有特色；特色菜
5	炸	zhá	动	to fry in deep fat or oil	炸鸡
6	煮	zhǔ	动	to boil; to cook	煮粥/饺子
7	下饭	xiàfàn	形	go well with rice	
8	撑	chēng	动	to fill to the point of bursting	吃撑了
9	清淡	qīngdàn	形	weak; light	清淡的菜

一、语言表达聚焦

1. V+ V/Adj

   描述动作或变化的结果，对前面的动作做进一步说明。

   Describes the results of an action or change. Provides further description of an action.

   例：（1）门打开了。

   （2）他没听懂你的话。

   （3）他已经学会了开车。

练一练：看图说话。

（1）

（2）

（3）

（4）撞 (zhuàng, to bump)

（5）摔 (shuāi, to tumble)

（6）破 (pò, to break)

2. **我看……**

用发表自己看法的方式提出建议，希望对方接受。

Used to give a suggestion by expressing one's opinion.

例：（1）我看还是老李的建议好，就用老李的吧。

（2）我看，咱们还是去打篮球吧。

练一练：根据下列情景，回答问题。

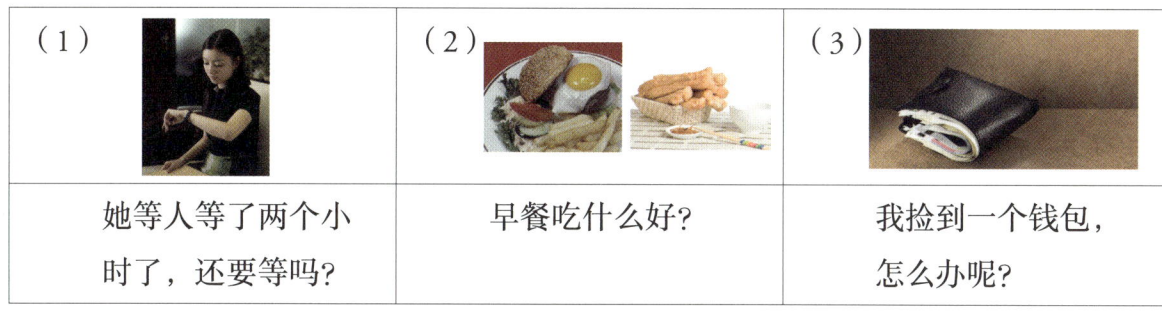

（1）	（2）	（3）
她等人等了两个小时了，还要等吗？	早餐吃什么好？	我捡到一个钱包，怎么办呢？

二、想一想，说一说

打包（dǎbāo, to take food away）

你和朋友一起出去吃饭，点了很多菜，剩了一些，你会怎么做？看右图，请用"我看……""V+V/Adj"说一说。

不要打包！

功能表达 2

学学怎么与任一事物比较（a 比 + 疑问代词 + 都 +Adj）；**听任**（疑问代词……（就）疑问代词……）；

遗憾（真可惜 / 可惜的是，……）

马　克：今天我请客，你爱吃什么就点什么，想吃多少就吃多少。

莉　莉：太好了！可是我不吃荤的，只吃素的。

马　克：你吃素啊？真可惜，肉多好吃啊！

莉　莉：吃素对身体有好处，我们不能哪个菜好吃，就吃哪个。健康比什么都重要！

马　克：咱俩正好相反，我没忌口的，觉得享受美食比什么都重要。

10	请客	qǐngkè	动	to treat sb	
11	荤	hūn	名	meat or fish diet	荤菜；吃荤
12	素	sù	名	vegetables	素菜；吃素

第 6 课

13	可惜	kěxī	形	it's a pity	很/真可惜
14	好处	hǎochù	名	benefit; advantage	对……有好处
15	相反	xiāngfǎn	形	opposite; contrary	跟……相反
16	忌口	jìkǒu	动	to avoid certain food	
17	美食	měishí	名	cate; delicacy	享受美食

一、语言表达聚焦

1. **a 比 + 疑问代词 + 都 + Adj**

   与任一事物（疑问代词）比较，得出"a 最 Adj"的结论。

   Provides a comparison between a certain object and something nonspecific (by using an interrogative pronoun). The phrase expresses that "'a' is the most (Adj)".

   例：(1) 莉莉比谁都聪明。

   (2) 今天晚上的约会比什么都重要。

练一练：看图，完成对话。

（1）A：你怎么总吃饺子啊？
　　B：我觉得＿＿＿＿＿＿＿＿。

（2）A：新娘真漂亮！
　　B：她平时也漂亮，但今天＿＿＿＿＿＿＿＿。

（3）A：你为什么总来这个市场买东西？
　　B：＿＿＿＿＿＿＿＿。

（4）A：真奇怪，小李每次考试都第一。
　　B：一点儿也不奇怪，因为＿＿＿＿＿＿＿＿。

（5）A：白菜有很多做法，你怎么总做炒 (chǎo, stir-fry) 白菜？
　　B：这样做＿＿＿＿＿＿＿＿。

2. 疑问代词₁……（就）疑问代词₁……

   表示听任，按自己的想法做某事。

   Expresses a desire to do things as one pleases.

   例：（1）你想要什么就买什么。

   （2）你喜欢哪个，我就送你哪个。

   比一比：

   如果有 A、B、C、D 四个地方

   a. 他想去哪儿就去哪儿。（从 A、B、C、D 中自己选择一个地方去）

   b. 他哪儿都想去。（A、B、C、D 都想去）

练一练：根据下列情景，完成对话。

（1）A：我什么时候给你打电话比较方便？

   B：都方便，_____。

（2）A：我看不懂这个菜单，不知道哪个菜好吃。

   B：我们问服务员吧，_____。

（3）A：听说小王又去旅游了！他从南方回来还不到一个月。

   B：小王有钱有时间，_____。

（4）A：大家都得参加明天的活动吗？

   B：不是，_____。

3. 真可惜 / 可惜的是，……

   为没能完成某事或某事未能如愿感到遗憾。

   Expresses regret that something cannot be completed or cannot be completed in the way that one hopes.

   例：（1）真可惜，你不能一起去旅行。（可惜的是，你不能一起去旅行。）

   （2）这件衣服小了点儿，真可惜。（可惜的是，这件衣服小了点儿。）

练一练：看图说话。

（1）　输（shū, to lose）　（2）　（3）

二、想一想，说一说

右图是你最喜欢的美食，可是为了保持身材，你不敢多吃。请用"a 比 + 疑问代词 + 都 +Adj""真可惜 / 可惜的是，……""疑问代词₁……（就）疑问代词₁……"进行表达。

功能表达 3

学学怎么描述随着变化而程度增强（越 a 越 b）；**叙述动作或状态开始并继续**（V/Adj+ 起来）；**估计**（a，看来 b）

马　　克：李老师，我发现学校附近有好几家麦当劳和肯德基。

李　　悦：是的，最近几年西式快餐店越开越多，很快就发展起来了。

马　　克：我还发现那里总是有很多年轻人，看来西式快餐在中国很受欢迎啊。是因为它们适合中国人的口味吗？

李　　悦：不见得，原因很多。年轻人去那儿一般不只是为了吃快餐，而更多的是喝喝可乐、吃吃冰激凌、聊聊天儿。

马　　克：可是这些东西都是垃圾食品啊，吃得越多，人就越胖。在我们国家吃这些东西的人很少，所以城市里很少能看到麦当劳和肯德基。

[麦当劳 (Màidāngláo, McDonalds)；肯德基 (Kěndéjī, KFC)]

18	发现	fāxiàn	动	to discover; to find	
19	西式	xīshì	区	western-style	
	~式	shì		style	中式；美式；女式；酒店式
20	快餐店	kuàicān diàn	名	fast food shop	一家快餐店
	快餐	kuàicān	名	snack; fast food	中式快餐；西式快餐

21	发展	fāzhǎn	动	to develop; to expand	发展经济
22	口味	kǒuwèi	名	taste; flavor of food	适合 sb 的口味；口味怪
23	不见得	bújiàndé	副	be not likely	
24	原因	yuányīn	名	reason; cause	
25	冰激凌	bīngjīlíng	名	ice cream	蛋筒冰激凌
26	垃圾	lājī	名	garbage; waste	扔/倒垃圾；垃圾箱
			形	dirty; rubbishy	垃圾邮件/短信/食品
27	食品	shípǐn	名	food	

一、语言表达聚焦

1. **越 a 越 b**

   描述 b 随着 a 的变化而程度增强。

   Describes how "b" increases as "a" changes.

   例：（1）这本书，我越看越喜欢。

   （2）大家越解释，这个问题越清楚。

练一练：看图，完成句子。

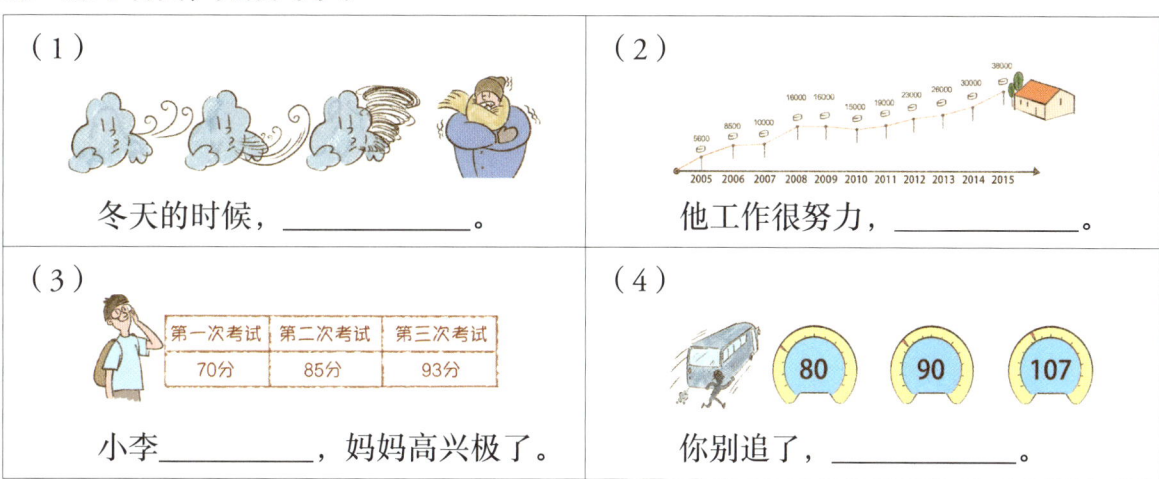

（1）冬天的时候，_____。

（2）他工作很努力，_____。

（3）小李_____，妈妈高兴极了。

（4）你别追了，_____。

2. **V/Adj+ 起来**

   叙述动作或状态开始并继续。

   Describes the starting and continuation of an action or state.

   例：（1）看到喜欢的男孩儿，她的脸一下子红了起来。（红起来了）

   （2）今天莉莉心情不错，唱起歌来了。（唱起了歌来）

练一练：看图，完成对话。

	（1）A：你刚才坐过山车了？有没有大声叫？ B：当然叫了，车一开_____。
	（2）A：春天了，_____，你还穿这么多？ B：我从小怕冷。
	（3）A：老婆，咱们女儿学习一点儿也不认真！ B：是啊，我们一不在家，_____。
	（4）A：昨天的电影有意思吗？ B：太有意思了，电影开始没几分钟_____。

3. **a，看来 b**

   表示估计，根据情况得出结论。

   Expresses an estimation based on a situation/condition.

   例：（1）天阴了，看来要下雨了。

   （2）这几天莉莉都不给我打电话，看来她生气了。

练一练：看图，完成对话。

	（1）A：我昨天在公园里看见了小张和小李。 B：_____。
	（2）A：这道菜很漂亮，不知味道怎么样？ B：_____。

Lesson 6

（3）A：这是我朋友的家，布置得怎么样？
　　　B：很漂亮，这么多红色的家具，_____。

（4）A：听说那款新上市的手机没有什么人买。
　　　B：_____。

二、想一想，说一说

学校里有中国学生食堂，也有留学生食堂。最近你发现留学生更爱去中国学生食堂了。请用"V/Adj+起来""a，看来b""越a越b"谈谈这些变化并猜猜原因。

功能表达 4

学学怎么表示可能 / 不可能（V得/不了）；劝告别人（sb₁+ 劝 +sb₂+VP）

（在夏佳和赵可合租的房子，赵可正在做饭，夏佳走进门）

夏　佳：你做这么多饭，吃得了吗？

赵　可：我一个人当然吃不了，你和我一起吃点儿吧，我给你盛一碗来。

夏　佳：不了，你吃吧，我在回来的路上吃了点儿小吃。

赵　可：小吃怎么能当晚饭呢？时间长了，身体会受不了的。

夏　佳：我也知道，可我一是没时间，二是懒得做，随便吃点儿算了。

赵　可：我劝你还是少吃路边摊儿，自己做着吃吧，又经济又卫生。

28	盛	chéng	动	to ladle; to fill	盛饭 / 汤
29	小吃	xiǎochī	名	snack; refreshment	小吃店
30	懒	lǎn	形	lazy; indolent; slothful	很懒；睡懒觉；懒得做
31	劝	quàn	动	to advise; to persuade	劝劝他
32	摊儿	tānr	名	stall; stand; booth	小吃摊儿；路边摊儿
33	经济	jīngjì	形	economic	很经济；经济舱
34	卫生	wèishēng	形 名	hygienic; sanitary sanitation; health	很卫生 卫生好；讲卫生；做 / 打扫卫生

一、语言表达聚焦

1. **V 得 / 不了**

   出现某种情况，使动作、变化可能或不可能实现。主要用在口语中。

   Describes the likelihood or unlikelihood that a situation will lead to an action or change coming to fruition. Usually used in colloquial speech.

   例：（1）下雪了，飞机飞不了了。

   （2）A：你买这么多瓶水，喝得了吗？

   B：人很多，应该喝得了。/ 不知道，可能喝不了。

   练一练：看图，完成对话。

   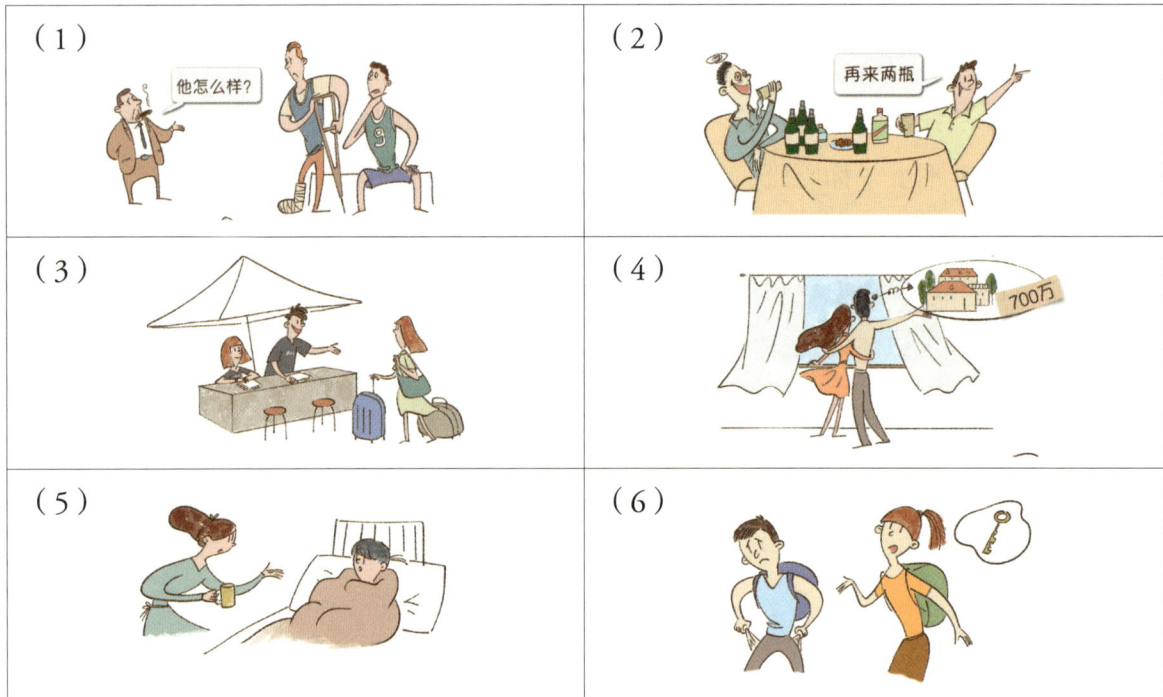

2. **sb₁ + 劝 + sb₂ + VP**

   劝告，用道理告诉某人做某事。

   Provides advice by using reason to tell someone to do something.

   例：（1）你现在不小了，我劝你尽快找一个女朋友。

   （2）爸爸身体不好，医生劝他不要吸烟。

📝 **练一练：根据下列情景，进行表达。**

（1）莉莉早上上课总是迟到。

　　_____

（2）夏佳的电子辞典里，俄语解释总是不太对。

　　_____

（3）马克的生活费总是不够用。

　　_____

（4）平田一边学汉语，一边工作，累死了。

　　_____

（5）阿里一喝凉水就肚子疼。

　　_____

二、想一想，说一说

有个小孩儿特别喜欢垃圾食品。你觉得这样不好，想要帮他改掉这个习惯。请用"V 得 / 不了""sb_1+ 劝 +sb_2+VP"说一说。

第三部分　课文

　　社会越发展，人们的生活节奏越快。因为这个原因，20 世纪初快餐流行起来了。从西式快餐到中式快餐，现在人们的生活可以说已经离不了快餐了。

　　快餐的特色就是"快"。在快餐店吃一顿饭用不了三十分钟，非常节省时间。但是，不知道你发现没有：快餐越流行，胖子越多，胃口不好的人也越多。看来吃快餐不是一种健康的饮食方式，"快"让很多人都"丢"掉了健康。

35	节奏	jiézòu	名	regular pattern	节奏快 / 慢；音乐 / 生活的节奏
36	节省	jiéshěng	动	to economize; to save	节省时间 / 钱 / 力气
37	胃口	wèikǒu	名	appetite	胃口大 / 小；胃口好 / 坏

那么，什么是健康的饮食呢？中餐跟西餐比起来，更讲究冷热搭配、荤素搭配。中国文化里也有不少跟饮食健康有关的俗话，比如"常吃葱和姜，不用医生开药方""三餐八分饱，一天八杯水""早上要吃好，中午要吃饱，晚上要吃少"，这些俗话都在劝人们为了身体健康多吃葱和姜，多喝热水，别吃太饱。这些俗话虽然都很简单，但是都很有道理，谁能养成这样的习惯，谁就能有健康的身体！我看人人都应该这样做。

葱（cōng）　姜（jiāng）

可惜的是，现在的年轻人都不是非常注意饮食健康，也不太相信那些俗话，常常想吃什么就吃什么，想什么时候吃就什么时候吃。不少年轻人懒得做饭，总吃外卖。也许到生病的那一天，花光了所有的钱，他们才会知道健康的饮食真的比什么都重要！

38	讲究	jiǎngjiu	动	to be particular about	讲究卫生/饮食；对……有讲究
39	搭配	dāpèi	动	to arrange in pairs or groups according to needs	饮食/服装/色彩搭配；词语搭配；荤素搭配
40	俗话	súhuà	名	common saying	一句俗话
41	药方	yàofāng	名	prescription; recipe	开药方
42	分	fēn	量	one tenth	
43	道理	dàolǐ	名	reason; principle	有/讲道理
44	养成	yǎng chéng		to develop	养成习惯
45	相信	xiāngxìn	动	to believe in	相信朋友/父母

一、课文综合练习

1. 用"V/Adj+起来"回答问题。

   （1）20世纪初人们的生活有什么变化？

   （2）快餐流行以后，给人们的生活带来了哪些变化？

2. 用"V+V/Adj"回答问题。

   （1）快餐让很多人怎么了？

   （2）"懒得做饭，总吃外卖"会怎么样？

3. 用"V 得 / 不了"回答问题。

   （1）根据课文说一下快餐和人们生活的关系？

   （2）吃一顿快餐可能要用多长时间？

   （3）你喜欢吃葱和姜吗？一天能喝八杯水吗？

4. 用"a 比 + 疑问代词 + 都 +Adj"回答问题。

   （1）快餐有什么特色？

   （2）为什么作者觉得中餐更健康？

   （3）课文里提到了哪些俗话？这些俗话告诉我们什么？

   （4）你觉得谁最爱吃快餐？为什么？

5. 用"疑问代词$_1$……（就）疑问代词$_1$……"回答问题。

   （1）课文里提到的俗话对健康有好处吗？为什么？

   （2）现在的年轻人有哪些不健康的饮食习惯？

6. 用"越 a 越 b"回答问题。

   （1）快餐为什么会流行起来？

   （2）胃口不好的人能不能经常吃快餐？为什么？

   （3）年轻人不健康的饮食习惯会给他们的生活带来哪些变化？

7. 用"a，看来 b"回答问题。

   （1）作者根据什么说吃快餐不是一种健康的饮食方式？

   （2）作者觉得中餐和西餐，哪个更健康？你怎么知道的？

8. 用"真可惜 / 可惜的是，……"回答问题。

   （1）什么事情让作者觉得很遗憾？他怎么说的？

   （2）快餐的好处是什么？坏处呢？它流行的好处多还是坏处多？请你说一说。

9. 用"sb$_1$+ 劝 +sb$_2$+VP"回答问题。

   （1）课文里提到的那些俗话，劝人们怎么做？

   （2）你怎么劝告那些生活习惯不好的年轻人？

二、课文拓展练习

1. 你常常吃快餐吗？吃过中式快餐吗？请你比较一下西式快餐和中式快餐。

第 6 课

2. 什么是健康的饮食？说说你的观点。
3. 你们国家也有跟饮食健康有关的俗话吗？请你找一找，然后告诉大家。

第四部分　综合表达训练

1. **根据学过的内容，完成语段。**

中国菜好吃，_____（真可惜/可惜的是，……）。我刚来中国时，因为汉语不好，常常点错菜。

有一次，我去饭店吃饭，_____（V+V/Adj）菜单就看到了"百叶"两个字。当时我特别高兴，因为这两个字我都学过，一下子就_____（V+V/Adj）了。"叶"就是青菜的叶子，_____（a，看来b）。菜上来了，可是我一口也没尝，因为"百叶"不是炒青菜，而是牛的胃，_____（V得/不了）。

还有一次，我看到菜单上有一道很便宜的"随便小炒"，我以为是用剩下来的东西做的，一定不好吃，最后发现_____（a比+疑问代词+都+Adj）。听说因为中国人也觉得点菜很难，所以厨师为了解决点菜的难题，用大家都喜欢的东西做了这道菜，也就是说_____（疑问代词₁……（就）疑问代词₁……）。

因为中国菜的名字很难懂，所以_____（我看……）。如果你想吃到好吃的中国菜，_____（sb₁+劝+sb₂+VP）。我来中国好几年了，不但经常吃中国菜，而且还自己学着做中国菜，现在_____（越a越b）。

2. **课上小调查。**

中国一些重要的节日，比如春节、中秋节，饮食有很多讲究，相信其他国家也是一样。请你在班上做一个小调查，了解两三个国家最重要的节日和饮食习惯，然后向全班同学介绍。请尽量多用本课学过的词语和功能。

3. **试一试，写一写。**

你吃过哪些好吃的中国菜？记住菜名了吗？拍过照片吗？（如果没有照片，你可以上网找图片）。然后以"最有名的中国菜"为题做PPT，在班上做一次三分钟演讲。请尽量多用本课学过的词语和功能。

第五部分　文化读本

厨师进家门

　　以前，中国人请客常常是请客人到家里，做几个好菜，边吃边喝边聊，又热闹又随便，可是为了请客，主人常常得忙好几天。现在，人们的生活好了，到饭店请客的人多起来了。到饭店吃饭，虽然多花了些钱，但是主人能节省时间，客人能享受美食，也是一种不错的选择。

　　大概从2000年开始，中国流行起一种新的职业来——"家庭厨师"，就是家人团圆或者朋友聚餐的时候，请厨师到家里做饭。"家庭厨师"刚出现的时候，有钱人才请得了，现在普通人也能在过春节时请他们来家里做年夜饭了。

　　人们请厨师做年夜饭主要是因为自己做饭费时费力，还不一定做得好。到饭店吃，不但花钱多，而且家里如果有老人也不方便，因此在家吃饭比在哪儿都合适。但是，也有人接受不了请厨师进家门，他们觉得春节就是一家人团圆的节日，厨师来了就多了个陌生人，让人很不习惯。还有人说以前过春节才能吃到鸡鸭鱼肉，厨师在饭店经常做这些菜，确实比什么人都拿手；可现在生活好了，鸡鸭鱼肉想什么时候做就什么时候做，年夜饭不见得要做这些菜，可以做自己的拿手菜，更有家的感觉。

　　厨师能走进普通人的家门，看来人们的生活是越过越好了。可是一家人一起做饭的幸福，是厨师代替不了的。

1	热闹	rènao	形	lively
2	选择	xuǎnzé	名	choice
3	大概	dàgài	副	approximate; likely
4	厨师	chúshī	名	cook; chef
5	团圆	tuányuán	形	reunion
6	出现	chūxiàn	动	to appear; to arise; to emerge; to turn up
7	年夜饭	niányèfàn	名	Chinese new year's eve dinner

8	费	fèi	动	to cost; to spend; to expend; to waste
9	因此	yīncǐ	连	therefore; for this reason
10	接受	jiēshòu	动	to accept; to take up
11	陌生	mòshēng	形	strange; unfamiliar
12	拿手	náshǒu	形	be expert; be good at
13	感觉	gǎnjué	名	sense; sensibility; sensation
14	代替	dàitì	动	to replace

话题讨论

1. 中国人请客的习惯以前跟现在有什么不一样？
2. 你喜欢请客人来家里吃饭还是去饭店吃饭？为什么？
3. "家庭厨师"这件事是什么意思？什么时候开始出现的？
4. 人们为什么会请厨师做年夜饭？
5. 对请"家庭厨师"这件事，文章中有几种看法？
6. 作者怎么看厨师进家门这件事？
7. 年夜饭可以说是中国人一年当中最重要的一顿团圆饭。你们国家有没有这样的团圆饭？是在哪个节日？主要吃什么？请你说一说。

第7课

这种健身方式再好不过了

第7课 119

基本功能项及内容

	功能项	本课表达	基本结构	举例
1	说明 Explanation	说明爱好 Describing one's hobbies	S+ 爱好 + N/VP	我爱好音乐。/你爱好踢足球。
		通过假设说明结果 Hypothesizing a possible result	（如果）a 的话，那么 / 就 b	如果是这样的话，那么这种健身方式就太轻松了。
		a 与 b 之间的联系 Describing the relationship between "a" and "b"	a 跟 b（没）有关系	生命的长短跟运动没有很大的关系。
		在一定范围内突出 b Emphasizing "b" out of range "a"	a，尤其 / 特别 b	我爱好音乐，尤其是弹钢琴。
2	叙述 Narration	从过去某个时间开始 Describing an activity as starting from a certain point in the past	自从……起 / 以后	自从三岁起就开始学了。自从上大学以后，我就不弹了。
		从过去到现在都这样 Describing something as remaining consistent from the past until the present	从来（+不 / 没）+ VP	我从来不上健身房。
		动作开始并继续 Describing the beginning and further continuation of an action	V + 上_{起始}	后来我也爱上踢球了。
		N₁ 被认同为或通过动作变化为 N₂ Describing the change of N₁ into N₂ due to an action or change in belief	把 + N₁ + V 成 / 作 + N₂	他们不应该把自己的兴趣当作孩子的兴趣。

	功能项	本课表达	基本结构	举例
3	选择 Making choices	无条件选择 Describing an unconditional choice	不管+[疑问形式]，都/也……	不管怎么样，运动对身体都有好处。
4	评价 Evaluation	性质状态的程度高 Valuing something highly	再+Adj/V[心理]+不过了	这种健身方式再好不过了。

第一部分　课前热身

1. **看一看，查一查。**

   你有什么爱好？常常健身吗？喜欢哪种健身方式？请你读一读前面图上的句子，查一查不认识的词。

2. **认一认，写一写。**

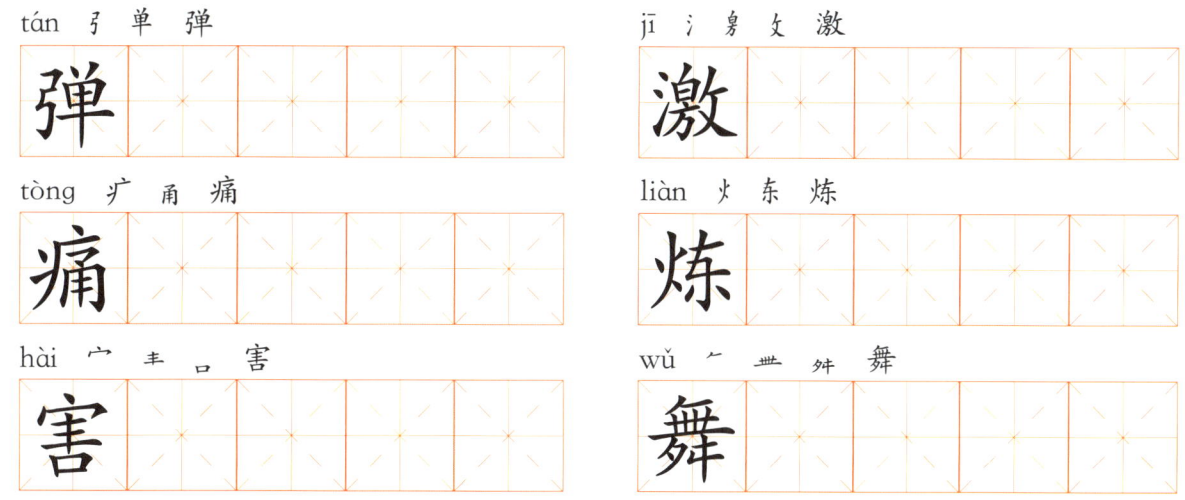

3. **学一学，填一填。**

   机会　轻松　害怕　激烈　说服　痛快　影响　锻炼

   （1）考完试了，真是太_____了！

   （2）你别_____，警察一会儿就来。

第7课　　121

（3）你别劝他了，谁也_____不了他。

（4）这场比赛太_____了，很难分出输赢。

（5）健康比什么都重要，我一有时间就_____身体。

（6）如果有_____的话，陈思思也想出国留学。

（7）很多人觉得运动就是要出汗，出一身汗才_____。

（8）父母是孩子的第一位老师，对孩子有很大的_____。

第二部分　功能表达范例与训练

功能表达 1

学学怎么说明爱好（S+ 爱好 +N/VP）；在一定范围内突出某事物（a，尤其/特别 b）；叙述从过去某个时间开始（自从……起/以后）

马　　克：思思，你有什么爱好？

陈思思：我爱好音乐，特别是弹钢琴。

马　　克：你会弹钢琴？什么时候开始学的？

陈思思：自从三岁起就开始学了。但是上大学以后，就不太有机会弹了。你呢？

马　　克：我的爱好可多了，最大的爱好是运动，尤其爱好踢足球。我还爱好看电影、听音乐、画画儿。对了，自从来中国以后，我的爱好变成了学汉语。

1	爱好	àihào	动/名	to be fond of; hobby; interest	爱好体育/运动；爱好多
2	弹	tán	动	to play(the piano)	弹琴
3	钢琴	gāngqín	名	piano	学/买钢琴；钢琴家
4	自从	zìcóng	介	since	从那时起
5	机会	jīhuì	名	chance; opportunity	有/得到机会；机会大/小
6	尤其	yóuqí	副	especially; particularly	

一、语言表达聚焦

1. **S+ 爱好 +N/VP**

   说明爱好。

   Describes one's hobbies.

   例：A：你哥哥有什么爱好？

   　　B：我大哥爱好唱歌，二哥爱好音乐。

   "爱好"还可以做名词，问别人的喜好时，常说："你有什么爱好？""你的爱好是什么？" "爱好" can also be used as a noun. When asking someone what he or she is fond of doing, it is common to say "你有什么爱好？" or "你的爱好是什么？"

2. **a，尤其 / 特别 b**

   在一定范围内突出说明 b。

   Brings emphasis to an item "b" from out of a certain range or scope.

   例：（1）我们班同学都很会唱歌，尤其是莉莉。

   　　（2）我很喜欢吃中国菜，尤其喜欢川菜。

📝 **练一练：看图，完成对话。**

（1）  A：阿里喜欢唱歌，是吗？ B：是的，＿＿＿＿＿＿＿。	（2）  A：他又去逛街了！ B：他喜欢逛街，＿＿＿＿＿＿＿。
（3）  A：大家跑得真快啊！ B：是啊，＿＿＿＿＿＿＿。	（4）   A：你的口语怎么提高得这么快？ B：＿＿＿＿＿＿＿。

3. **自从……起/以后**

   叙述从过去某个时间开始。

   Describes an activity as starting from a certain point in the past.

   例：（1）自从去年起，我们就很少联系了。（时间名词）

   （2）自从来到中国以后，我就慢慢变胖了。（表示时间的事件）

练一练：改写句子。

（1）马克买了自行车，上下课很方便。

（2）莉莉认识了一位中国朋友，学会了很多中国的俗话。

（3）阿里十八岁上大学离开了家。

（4）陈思思昨天下午淋（lín, to drench; to pour; to sprinkle）了雨，感冒了。

（5）2010年开始，平田就在那家公司工作。

二、讲述经历

学汉语以后，你的生活有哪些变化？比如爱好、饮食习惯、学习习惯。请你想一想，用"S+ 爱好 +N/VP""自从……起/以后""a，尤其/特别b"说一说。

功能表达 2

学学怎么通过假设说明结果（（如果）a 的话，那么/就 b）；**叙述从过去到现在都这样**（从来（+不/没）+VP）；**评价程度高**（再 +Adj/V[心理]+ 不过了）

金志英：阿里，晚上跟我们一起去 KTV 唱歌吧？

阿　里：KTV？我还从来没去过呢。可是我今天晚上要去健身房锻炼。

金志英：唱歌也是一种健身方式啊。听说唱一首歌跟跑一百米差不多。如果你唱十首歌的话，就好像跑了一千米，还去什么健身房啊！

阿　里：真的吗？我从来没听说过。如果是这样的话，那么这种健身方式真是再轻松不过了！

金志英：当然是真的。我平常都是唱歌健身，从来不上健身房。你看，我的身体不是也很健康吗？

7	从来	cónglái	副	always; all along	
8	健身房	jiànshēnfáng	名	gymnasium	上/去健身房
	健身	jiànshēn	名	gymnastic	爱好健身
			动	to keep in good health	去健身
9	锻炼	duànliàn	动	to take exercise	锻炼身体
10	方式	fāngshì	名	way; pattern; mode	工作/学习/健身方式
11	轻松	qīngsōng	形	relaxed; easy; light	心情很轻松
12	平常	píngcháng	名	usual	
			形	common	平常人

一、语言表达聚焦

1. （如果）a 的话，那么/就 b

   通过假设的情况说明结果。后一句根据前一句的"假设"得出某个结果。"如果"也可以省略。

   Uses a hypothesis to describe a possible result. The second sentence should provide a result that is directly related to the "hypothesis" of the first sentence. "如果" can often be omitted.

   例：（1）（如果）你有什么问题的话，就来找我。

   （2）如果你不来的话，（那么）我们玩得就没什么意思。

   练一练：根据下列情景，回答问题。

   （1）爱吃麦当劳的孩子路过麦当劳，他可能想什么？

   （2）一个男孩儿看见自己最喜欢的女演员，他可能会说什么？

   （3）一个星期前买飞机票打六折，现在只打九折了，你可能对朋友说什么？

   （4）她差两分没通过 HSK 考试，看到自己的成绩，她可能想什么？

2. 从来（+不/没）+VP

   叙述从过去到现在都这样。多用在否定句中。

第 7 课

Describes that something has remained consistent from the past until the present. This pattern is frequently used with negative sentences.

例：（1）你从来不迟到，今天怎么来晚了？

（2）中国南方我从来没去过。

"从来"也可以用在肯定句中，但句义常常带有负面意义；谓语部分常用"都是"。

"从来" can also be used with affirmative sentences, though such a sentence will usually carry a negative connotation and the predicate will often contain "都是".

（3）我跟他打球，他从来都是输的。

（4）他从来都是那样，不知道关心别人。

练一练：看图，完成对话。

（1）

A：吃完饭我们去跳舞怎么样？
B：很抱歉，＿＿＿＿＿＿。

（2）

A：你爸爸做家务吗？
B：＿＿＿＿＿＿。

（3）

A：你每天都按时上课吗？
B：当然，＿＿＿＿＿＿。

（4）

A：你吃过北京烤鸭吗？
B：没有，＿＿＿＿＿＿。

3. 再 +Adj/V[心理]+ 不过了

评价性质状态的程度高，意思是"没有比 a 更 Adj/V[心理] 的了"，主要用在口语中。

Evaluates something as being of high quality or possessing good characteristics. The pattern carries the meaning "There is nothing more (Adj/V) than 'a'" and is mainly used in spoken Chinese.

例：（1）你能和我一起去，那再好不过了。
　　　　　a
　　（2）玛丽汉语那么好，当老师再合适不过了。
　　　　　　　　　　　　　a

练一练：看图说话。

根据下面四张图，说说婷婷过春节的故事。

（1）买新衣服　　　　（2）买花　　　　　（3）收红包　　　　（4）吃年夜饭

二、想一想，说一说

朋友参加一个街舞大赛，得到了第一名，你很想跟他一样，请用"从来（+不/没）+VP""再+Adj/V[心理]+不过了""（如果）a 的话，那么/就 b"说一说。

功能表达 3

学学怎么叙述通过认同或动作使事物发生变化（把+N_1+V 成/作+N_2）**；动作开始并继续**（V+上起始）

李　悦：莉莉，你怎么会爱好踢足球呢？一般爱踢球的都是男孩儿。

莉　莉：我爸爸特别爱踢球，我是家里的老大，所以从小他就叫我陪他一起踢球。在爸爸的影响下，我也迷上了这种运动。李老师，我发现中国孩子很少踢球，是不是他们不喜欢啊？

李　悦：那也不是。踢球是需要很多人参加的运动，也比较激烈，可是很多中国孩子都是独生子女，父母把他们看作宝贝，害怕他们受伤，所以他们没有太多机会踢球。

莉　莉：我还听说中国孩子从小就特别忙，父母让他们上很多兴趣班，把自己的爱好当成孩子的爱好。他们真是太可怜了。

| 13 | 从小 | cóngxiǎo | 副 | from childhood | |

14	影响	yǐngxiǎng	名/动	influence; affect / to effect	在……的影响下；受到影响 A 影响 B
15	迷	mí	动	to be addicted to	迷上了音乐
16	激烈	jīliè	形	intense; fierce	很激烈；激烈的运动
17	独生子女	dúshēng-zǐnǚ		the only child	独生子/女
18	宝贝	bǎobèi	名	treasure	
19	害怕	hàipà	动	to be afraid of	害怕蛇/警察
20	受伤	shòushāng	动	to be injured	脚/手受伤了
21	可怜	kělián	形	poor; pitiful	很可怜；可怜的孩子/动物

一、语言表达聚焦

1. 把 +N₁+V 成/作 +N₂

   叙述 N₁ 被认同为或通过动作变化为 N₂。

   Describes the change of N₁ into N₂ due to an action or change in belief.

   例：（1）我要把他当作我最好的朋友。

   （2）小王没有把这篇文章翻译成英语。

📝 练一练：看图，完成句子。

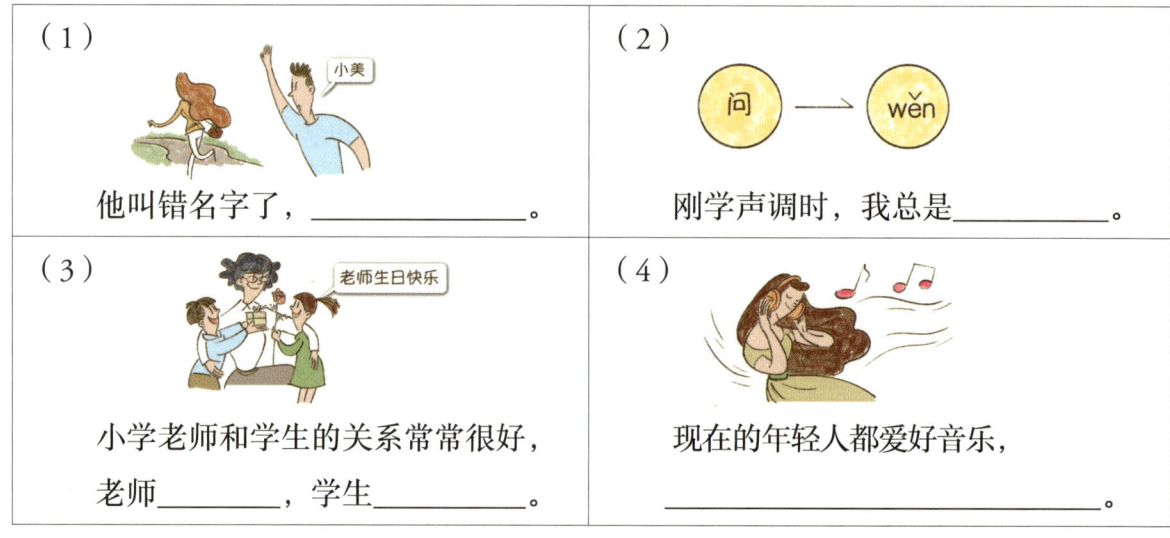

（1）他叫错名字了，＿＿＿＿＿＿。

（2）刚学声调时，我总是＿＿＿＿＿＿。

（3）小学老师和学生的关系常常很好，老师＿＿＿＿＿，学生＿＿＿＿＿。

（4）现在的年轻人都爱好音乐，＿＿＿＿＿＿＿＿＿＿＿。

2. **V + 上**起始

叙述动作开始并继续。

Describes the beginning and further continuation of an action.

例：（1）从去年开始，他就喜欢上了太极拳。

（2）这两个人刚见面就聊上天儿了。

练一练：看图，完成对话。

（1）  A：他不是已经不抽烟了吗？ B：_____。	（2） 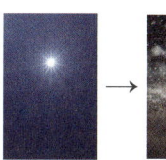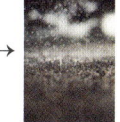 A：天气怎么这么奇怪？ B：是啊，_____。
（3）  A：你觉得饺子好吃吗？ B：很好吃，_____。	（4）  A：听说以前家家都没有电话。 B：是的，80年代_____。

工具（gōngjù, tool; means）

二、想一想，说一说

你觉得现在自行车有什么作用（zuòyòng, effect; function）？你喜欢骑自行车吗？请用"把 +N₁+V 成/作 +N₂""V+ 上起始"说一说。

功能表达 4

学学怎么说明事物间、事物与人之间的联系（a 跟 b（没）有关系）；**无条件选择**（不管 +[疑问形式]，都/也……）

马　克：你好像很少运动？不管早上还是晚上，我在健身房一次也没见过你。

金志英：我不喜欢运动，觉得去健身房又费时间又费钱。

马　克：为什么啊？"生命在于运动"，为了健康花点儿时间和钱是值得的。

金志英：我觉得生命的长短跟运动没有很大的关系。如果运动有用，大家还不都长命百岁了?

马　克:我说服不了你。不管怎么样,运动对身体都有好处。

22	不管	bùguǎn	连	no matter	
23	费	fèi	动	to spend; to waste	费钱/力/电/油
24	生命 生命在于运动	shēngmìng shēngmìng zàiyú yùndòng	名	life Life lies in movement.	
25	值得	zhí dé	动	to be worth; to deserve	值得买/去;不值得
26	关系	guānxì	名	relation	关系好;有很大关系
27	长命百岁	cháng mìng bǎi suì		live to a hundred years; long life	
28	说服	shuōfú	动	to persuade; to convince	说服别人

一、语言表达聚焦

1.
   a 跟 b(没)有关系

   说明 a 与 b 之间的联系。

   Describes the relationship between "a" and "b".

   例:(1)人的快乐跟钱没有关系。

   　　(2)这个人跟那件事有很大的关系。(根据程度的需要,在"关系"前可以加"一点儿""一定的""很大的"等。)

练一练:看图,完成对话。

	(1) A:你今天心情不太好,怎么了? 　　B:_____。
	(2) A:最近三十年,中国变化真大啊! 　　B:你知道邓小平吗?_____。

	（3）A：现在怎么有那么多小孩儿戴眼镜啊？ 　　B：_____。
三岁的习惯 ⟹ 八十岁的习惯	（4）A：中国有句俗话叫"三岁看到老"，你同意吗？ 　　B：我不太同意，_____。

2. **不管 +[疑问形式]，都 / 也……**

表示无条件选择。"不管"后面常接疑问词、表示选择关系的词语或"多 +Adj"，后半句常有"都""也"等搭配。

Describes an unconditional choice. "不管" is often followed by an interrogative word, words that express possible options, or "多 +adj". The second half of the sentence is often matched using "都" or "也".

例：（1）他不管怎么忙，每天都会找时间学习汉语。
　　（2）不管明天下不下雨，我们都要去。
　　（3）不管是你去还是我去，都能赢。
　　（4）不管你多有钱，我也不会嫁给你。

📝 **练一练**：根据下列情景，回答问题。
（1）如果你很忙，是不是就可以不学习了？
（2）毕业以后，你会不会忘了留学生活？
（3）有人说"有钱人才应该保护环境"，你觉得呢？
（4）求婚 (qiúhūn, to propose) 的时候，人们一般会说什么？

二、互问互答

两人一组，互相提出一些问题或要求，请对方做出回答。请参考下表给出的情景，用"a 跟 b（没）有关系""不管 +[疑问形式]，都 / 也……"说一说。

角色 A	角色 B	要求
老板	职员	老板：如果你天天加班，我会再用你一年，给你加工资。
女朋友	男朋友	男朋友：我有时间的话，一定会给你过生日。

| 父母 | 孩子 | 孩子：如果我得到满分，你给我换新手机吗？ |
| 丈夫 | 妻子 | 丈夫：我以后不在外面喝酒了，每天回家吃饭。 |

第三部分　课文

（晚上7点，阿里、莉莉、朱迪和金志英在校园里碰到了满头大汗的马克）

阿　　里：马克，你怎么流了这么多汗？

马　　克：刚跟人打了一场篮球。好久没打了，真痛快啊！

莉　　莉：你打篮球了？如果早知道的话，我就跟你一起去了。场地好找吗？

马　　克：场地再难找不过了。在美国时，我每周都打一场篮球。自从来中国以后，我改成去健身房健身了。

阿　　里：我也是这样！因为游泳馆人总是很多，我把每天游泳改成每天跑步了！

莉　　莉：咱们正好五个人，可以组成一支球队啊！

朱　　迪：不好意思，我从来不打篮球，怎么学都不会。

金志英：我也不会打。

莉　　莉：（奇怪地问）那你们平时运动吗？怎么锻炼身体？

朱　　迪：我经常快步走。这种锻炼方式对场地、天气都没什么要求，不太激烈也不会受伤，我觉得这种方式再好不过了！

金志英：我爱好唱歌、跳舞，一边玩一边锻炼，多轻松啊！

29	满头大汗	mǎn tóu dà hàn		to be covered with sweat	满身大汗
30	痛快	tòngkuài	形	very happy; delighted	玩／答应得痛快
31	场地	chǎngdì	名	area; space; place; field	比赛场地
32	改	gǎi	动	to change	改时间／作业／名字
33	组	zǔ	动	to organize	组队／词
34	平时	píngshí	名	at ordinary times	

阿　　里：志英，唱歌、跳舞不是运动吧？

金志英：运动的目的不就是健身吗？如果能达到目的的话，不管怎么做都行。

马　　克：有道理，健身跟运动确实不一定有关系。你们发现没有，好多在公园晨练的人，尤其是老年人也是跳舞健身的，听说那种舞叫"广场舞"！

阿里／莉莉：哈哈，志英，原来你是"老年人"啊！

马　　克：你们可别把广场舞看成老年人的健身方式，现在不少年轻人也喜欢上了。

金志英：不管你们怎么笑我，我也不会改变。唱歌、跳舞这种健身方式再适合我不过了！

朱　　迪：你们别争了，适合自己的从来就是最好的，对不对？

35	达到	dádào	动	to achieve; to attain; to reach	达到目的
36	晨练	chénliàn	动	morning exercises	
37	广场舞 ~舞	guǎngchǎngwǔ wǔ	名	square dance dance	跳广场舞 街舞；交际舞
38	原来	yuánlái	副	originally	
39	改变	gǎibiàn	动	to change	改变自己／习惯
40	争	zhēng	动	to dispute; to argue; to debate	争着回答／说话

一、课文综合练习

1. 用"S+爱好+N/VP"回答问题。

    （1）课文中提到了哪几种爱好？都是谁的爱好？请分别说一说。

    （2）来中国以后，谁的爱好有了变化？有什么变化？

2. 用"自从……起／以后""V+上起始"回答问题。

    （1）马克什么时候开始去健身房的？

    （2）阿里什么时候开始跑步呢？

3. 用"a 跟 b（没）有关系"回答问题。

    （1）马克为什么现在很少打篮球？

    （2）来中国以后，阿里为什么不游泳了？

（3）朱迪为什么喜欢快步走？

（4）对健身和运动的关系，大家的看法有什么不一样？

4. 用"(如果) a 的话，那么／就 b"回答问题。

（1）莉莉想不想打篮球？你怎么知道的？

（2）在什么情况下，马克和阿里会再像以前那样运动？

5. 用"不管 + [疑问形式]，都／也……"回答问题。

（1）朱迪为什么不会打篮球？

（2）朱迪为什么喜欢快步走？

（3）金志英为什么觉得唱歌、跳舞也是运动？

（4）哪些人可以跳广场舞？

（5）阿里和莉莉跟金志英开玩笑，金志英怎么回答的？

6. 用"把 +N_1+V 成／作 +N_2"回答问题。

（1）来中国以后，马克和阿里的爱好有了什么变化？

（2）阿里和莉莉为什么笑金志英？马克怎么说的？

7. 用"再 +Adj/V$_{[心理]}$+ 不过了"回答问题。

（1）马克觉得打篮球找场地怎么样？

（2）朱迪觉得快步走这种运动方式怎么样？

（3）阿里和莉莉为什么笑金志英是"老年人"？

（4）金志英为什么喜欢唱歌、跳舞这种健身方式？

8. 用"从来（+ 不／没）+VP"回答问题。

（1）马克他们有没有组成篮球队？为什么？

（2）听了金志英的爱好，阿里问了什么？他为什么这么问？

（3）朱迪觉得什么样的健身方式是最好的？

9. 用"a，尤其／特别 b"回答问题。

（1）金志英喜欢什么样的健身方式？

（2）哪些人最爱跳广场舞？

（3）五个人中，谁最爱运动？谁不爱运动？

二、课文拓展练习

1. 你觉得哪些健身方式最适合自己？做好这些，跟什么有关系？请说说自己的看法。
2. "一日之计在于晨"，中国人一般认为早晨锻炼对身体再好不过了。来中国以后，你看见过晨练的人吗？他们都用什么样的方式晨练？请你走走看看，然后告诉同学们。

第四部分　综合表达训练

1. **根据学过的内容，完成语段。**

    现代高尔夫出现于14世纪，但它流行起来是最近一百多年的事情。在那以前，＿＿＿＿＿＿＿＿＿＿＿＿＿＿（从来（+不/没）+VP）。

    因为很多有钱人＿＿＿＿＿＿＿＿＿＿＿＿（S+爱好+N/VP），＿＿＿＿＿＿＿＿＿＿＿＿（尤其……），所以人们觉得＿＿＿＿＿＿＿＿＿＿＿＿（a跟b（没）有关系）。这种看法也有一定的道理，听说全世界约有20%的生意是在高尔夫球场谈成的，高尔夫爱好者中70%的人是在打"生意球"，＿＿＿＿＿＿＿＿＿＿＿＿（把+N_1+V成/作+N_2）。

    为什么会这样呢？第一，高尔夫球场一般风景都很美丽，在那儿谈生意比在办公室舒服得多！＿＿＿＿＿＿＿＿＿＿＿＿（不管+[疑问形式]，都/也……），大家的心情都会比较愉快！第二，打高尔夫，要求人们找好目标，用各种方法达到"一竿(gān)进洞"(hole in one)的目的，这跟做生意差不多。第三，打一场高尔夫经常要花上四个小时，边打边聊。做生意就要了解对方，＿＿＿＿＿＿＿＿＿＿＿＿（如果……的话），那么＿＿＿＿＿＿＿＿＿＿＿＿（再+Adj/V[心理]+不过了）！

    虽然一开始人们是因为这样或者那样的原因才打高尔夫，后来大多数人慢慢真的＿＿＿＿＿＿＿＿＿＿＿＿（V+上起始）。＿＿＿＿＿＿＿＿＿＿＿＿（自从……起/以后），高尔夫已变成了成功人士最喜爱的运动。

2. **课后小调查。**

    最近很多人开始不在早上锻炼了，下表是人们对锻炼时间的一些不同看法。请你在班上做个小调查，最少调查两个国家的人，然后谈谈自己的看法。请尽量多用本课学过的词语和功能。

姓名	健身时间 ①上午 10 点 ②下午 3 点 ③晚上		健身地点 ①公园 ②运动场 ③健身房 ④家	健身方式	原因
	___点	___个小时		最喜欢: 最不喜欢:	
	___点	___个小时		最喜欢: 最不喜欢:	

3. 试一试,写一写。

请你将调查结果写成一篇文章,并试着发到微博上,转给老师和同学们。请尽量多用本课学过的词语和功能。

你的微博应该有下面的内容

> (1)习惯的看法是什么?
> (2)人们的看法有了哪些变化?
> (3)你的调查对象都有谁?调查结果是什么?
> (4)根据调查结果和自己的了解,得出了什么新结论?

第五部分　文化读本

全民健身

◉ 开始读之前,先认识下面的词语。

奥林匹克(Àolínpǐkè)运动会　舞剑(wǔ jiàn)　扇子舞(shànziwǔ)　跆拳道(táiquándào)　瑜伽(yújiā)

自从2008年中国成功举办奥林匹克运动会以后，每年的8月8日就成为了中国的"全民健身日"。全民健身，就是全国所有的人，不管男女老少，大家都一起锻炼身体，提高身体素质，尤其是青少年和儿童。

虽然"全民健身"这个词，人们以前好像从来没听说过，最近几年才熟悉起来。实际上，1995年中国政府就制定了"全民健身"计划，建议所有人每天参加一次以上的体育健身活动，学会两种以上健身方法，每年进行一次身体素质"考试"。这个计划虽然实行了很多年，但2008年以后才引起了大家的重视。听说现在中国7岁到70岁的城市人口中，有60.7%经常到各种俱乐部、健身房参加健身活动。

也许正是因为政府把"全民健身"当成了工作的重要内容，在很多城市的公园或者河边，不管早上还是晚上，都会看到许许多多健身的人们。他们有的打太极拳，有的舞剑，有的跳扇子舞，有的跳交际舞，一边健身，一边交流，渐渐相处得像一家人一样。当然，这些地方很少能见到年轻人的身影，他们更喜欢的是跆拳道、瑜伽这些比较流行的健身方式。

"全民健身"是中国的一大特色，如果你到中国来的话，那么你一定要到公园、广场这样的地方去感受一下。"全民健身"让中国人都过上了一种新的生活，这对生活压力越来越大的中国人再合适不过了！

1	举办	jǔbàn	动	to conduct; to hold
2	素质	sùzhì	名	quality; nature
3	熟悉	shúxī	动	to be familiar with; to know sb/sth well
4	政府	zhèngfǔ	名	government
5	制定	zhìdìng	动	to draw up; to formulate; to draft
6	计划	jìhuà	名	plan; project
7	引起	yǐnqǐ	动	to give rise to; to lead to; to cause
8	俱乐部	jùlèbù	名	club
9	交流	jiāoliú	动	to exchange; to interflow; to interchange
10	身影	shēnyǐng	名	figure; the shape of the human body

| 11 | 感受 | gǎnshòu | 动 | to feel; to experience |
| 12 | 压力 | yālì | 名 | pressure |

话题讨论

1. "全民健身日"是什么时候？是从什么时候开始有的？
2. "全民健身"是什么意思？想达到什么目的？
3. 中国政府什么时候开始制定"全民健身"计划？
4. "全民健身"计划的主要内容是什么？有用吗？
5. 如果你想了解"全民健身"，应该怎么做？为什么？
6. 作者对"全民健身"是什么看法？你同意吗？为什么？
7. 在你们国家，有跟"全民健身"差不多的活动吗？如果有，请你介绍一下。
8. 在中国，身体素质不好，体育考试不及格，可能上不了大学。你们国家也是这样吗？请你说一说。

第 8 课

事情办得好办不好

基本功能项及内容

	功能项	本课表达	基本结构	举例
1	道歉 Expressing apologies	向别人道歉 Apologizing to someone	很/真/实在+抱歉，……	实在抱歉，请你再等等。
2	叙述 Narration	动作使事物显现 Describing an action that brings about the appearance of something	V 出来	麻烦你帮我把照片洗出来。
		动作使事物固定或不变 Describing an action that causes something to be fixed or unchanged	V 下来	把地址、电话都写下来。
		做 a 事时捎带做 b 事 Describing the performance of action "b" in passing as one performs action "a"	a，顺便 b	你帮我装订，顺便加一张书皮。
		事物被动作改变 Describing that an object has been changed by an action	主$_{(O)}$ +（主$_{(S)}$）+ 谓$_{(VP)}$	包裹寄走了吗？ 单子我填好了。
		动作使事物改变 Describing an action that changes an object	S+把+O+V+补语	麻烦你把这些照片洗出来。 把这个材料复印六十份。 我把它印好了。
3	可能/不可能 Possibility/Impossibility	动作的结果能/不能实现 Describing the likelihood/unlikelihood that the result of an action will be realized	V+得/不+Adj/V	他拍不好照片。 今天洗得出来吗？

Lesson 8

	功能项	本课表达	基本结构	举例
4	说明 Explanation	b 对 a 进行修改或补充 Using statement "b" to modify or supplement statement "a"	（a，）其实 b	我还以为便宜呢，其实也够贵的。
5	抱怨 Complaining	现在做某事不合适 Stating that a certain action is inappropriate at the present time	都 a 了，你怎么才 / 还 b	都好几天了，你怎么才说？
6	说明 Explanation	从某点对后者加以说明 Providing an explanation of a certain point	Adj /V[心理]+的+是，……	糟糕的是，我把寄件人和收件人写反了。
7	承诺 Making promises	做出更大的努力 Promising to put forth a greater effort	尽量+Adj（+点儿）/VP	我会尽量快点儿发出去的。

第一部分　课前热身

1. **看一看，查一查。**
   你办事时遇到过麻烦吗？请读一读前面图上的句子，查一查不认识的词。

2. **认一认，写一写。**

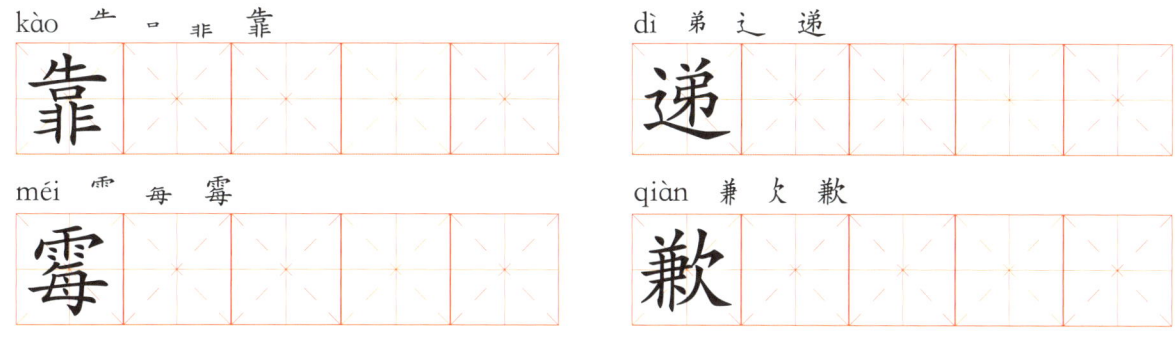

zāo 米 曹 糟

quē 缶 夬 缺

3. 学一学，填一填。

模糊　缺　改　顺利　可靠　重新　体会

（1）好久不见，路上_____吗？

（2）老师让他把句子_____写一遍。

（3）晚睡晚起的习惯很不好，你还是_____了吧。

（4）来中国以后，我对中国文化有了比较深的_____。

（5）老板，听说您这儿_____人，您看我行吗？

（6）天黑了，景色都慢慢_____起来了。

（7）你别在网上交朋友，这么做不太_____。

第二部分　功能表达范例与训练

功能表达 1

学学怎么叙述动作使事物显现（V 出来）**；做某事时捎带做另一件事**（a，顺便 b）**；可能 / 不可能**（V+ 得 / 不 +Adj/V）

（马克去照相馆洗照片）

马　克：您好，我有几张照片有点儿模糊，麻烦你帮我处理一下，顺便洗出来。

店　员：（接过优盘，看了以后）好的，请问你要洗多大的？五寸的四毛，六寸的五毛五。

马　克：我洗六寸的吧。今天洗得出来吗？

店　员：洗不出来，还要处理呢，你明天来吧。顺便问一下，最近加白边的相纸比较流行，你要吗？

马　克：不要了，不加白边图像更大些。

| 1 | 洗 | xǐ | 动 | to develop(films) | 洗照片 |

2	模糊	móhu	形	vague; blur	印象很模糊；照片拍得很模糊
3	处理	chǔlǐ	动	to deal with	处理事情；处理照片
4	顺便	shùnbiàn	副	incidentally; in passing; by the way	
5	优盘	yōupán	名	flash memory disk	带优盘；优盘丢了
6	相纸	xiàngzhǐ	名	photographic paper	
7	图像	túxiàng	名	picture; image	照片上的图像；电视机的图像

一、语言表达聚焦

1. **V 出来**

   叙述动作 V 使事物显现。否定常常用"没（有）"。

   Describes that an action brings about the appearance of something. The pattern is usually negated using "没（有）".

   例：（1）麻烦你把这篇文章打印出来。（显现）

   （2）这个问题的答案，我想出来了。（出现）

   →否定：这个问题的答案，我没想出来。（没有出现）

练一练：看图，完成对话。

（1）

A：这个主意是你自己想的吗？
B：_____。

（2）

A：这两张图有什么不一样？
B：_____。

（3）

A：这饺子是什么馅儿(xiànr, stuffing)的？
B：不知道，_____。

（4）

A：你翻译好了吗？
B：对不起，_____。

第 8 课　143

2. a，顺便 b

   叙述做 a 事时捎带做 b 事。

   Describes the performance of action "b" in passing as action "a" is performed.

   例：（1）你去中国的时候，顺便帮我买一本《现代汉语词典》。

   （2）客厅打扫完以后，顺便把窗户擦干净。

练一练：根据所给的情景，回答问题。

（1）你想去中国朋友家做客，也想学做中国菜，你会对朋友说什么？

（2）妻子今天很忙，没时间买菜，她会对上班的丈夫说什么？

（3）你今天忘了交作业，同屋正好要去找老师，你可以对同屋说什么？

（4）你要去美国读研究生，朋友问你还想在美国做什么，你怎么回答？

（5）安娜生病了，同学们要去看她，你有事不能去，你对大家说什么？

3. V+ 得 / 不 +Adj/V

   叙述在主客观条件下，动作的结果能 / 不能实现。用在否定句中的情况比较多。

   Describes whether or not the result of an action can be realized under subjective or objective conditions. The pattern is used frequently in negative sentences.

   例：（1）你说得不快，我听得懂。

   （2）这道题有点儿难，我做不出来。

   比一比：

   a. 这个字不太难，他写得好。（还没写，可能补语，可能）
   b. 这个字他刚写的，写得好。（已经写了，状态补语，评价）

   c. 他写不好这个字。（否定没有"得"，可能补语）
   d. 这个字他写得不好。（否定有"得"，状态补语）

练一练：看图，完成对话。

|  | （1）A：这是我给儿子买的衣服。
B：他都三岁了，_____。 |

	（2）A：你一天能挣这么多钱吗？能花这么多钱吗？ B：_____。
	（3）A：你这张 DVD 在哪儿买的？我也想买一张。 B：我几年前在书店买的，_____。
	（4）A：写的是什么？你告诉我好吗？ B：_____。
	（5）A：跟我一起喝杯咖啡吧？ B：谢谢，我已经喝了好几杯了，_____。

二、想一想，说一说

弟弟要去邮局寄东西，你想让弟弟帮你去邮局旁边的照相馆取照片，该怎么说？请用"V 出来""a，顺便 b""V+ 得 / 不 +Adj/V"说一说。

功能表达 2

学学怎么对前面的内容进行修改或补充（(a，) 其实 b）；**叙述动作使事物改变**（S+ 把 +O+V+ 补语）

店　员：欢迎光临！您是复印还是打印？

夏　佳：复印，请把这个材料复印六十份，里面有图，麻烦你把它印得清楚点儿。

店　员：好的。你要装订吗？

夏　佳：装订，顺便加一张书皮吧。一共多少钱？

店　员：这样装订比较贵，要八百来块。如果想省钱的话，你可以只装封面，其实还可以把材料印成双面的，再缩小一点儿。

夏　佳：那就印成双面的吧。我还以为复印便宜呢，其实也够贵的。

1	复印	fùyìn	动	to copy	复印店/社；复印东西；复印机；复印费
2	打印	dǎyìn	动	to print	打印照片/材料；打印机
3	材料	cáiliào	名	material	复印材料
4	份	fèn	量	a copy; a printout	一份蛋糕/试卷/报纸

第 8 课

5	装订	zhuāngdìng	动	to bind (books)	
6	书皮	shūpí	名	book jacket	一张书皮；包书皮
7	封面	fēngmiàn	名	cover	书/杂志的封面
8	其实	qíshí	副	in fact	
9	双面	shuāng miàn		two-sided	双面复印/打印
10	缩	suō	动	to shrink	缩写；缩小；缩印

一、语言表达聚焦

1. （a,）其实 b

   表示说明，b 对 a 进行修改或补充。

   Provides further explanation of a statement or situation. Statement "b" is used to modify or supplement statement "a".

   例：（1）她只是打扮得像韩国人，其实是中国人。

   （2）我们都知道山本英语说得很好，其实他汉语说得也很流利。

   练一练：看图，完成对话。

	（1）A：这么棒的牌子，一定很好用吧？ B：_____。
	（2）A：他这次考试成绩不太好，是学习不努力吗？ B：_____。
	（3）A：马克中文歌唱得不错。 B：_____。
	（4）A：小张来电话说他不舒服，下午再来上班。 B：_____。

Lesson 8

2. S+ 把 +O+V+ 补语

"把"字句，叙述动作使事物改变。

The "把" sentence pattern is used to describe an action that modifies or changes an object.

例：（1）弟弟又把杯子打碎了。（结果补语）

（2）警察让我把护照拿出来。（趋向补语）

（3）今天早上我把这篇课文读了三遍。（数量补语）

（4）莉莉把房间打扫得很干净。（状态补语）

练一练：看图，完成对话。

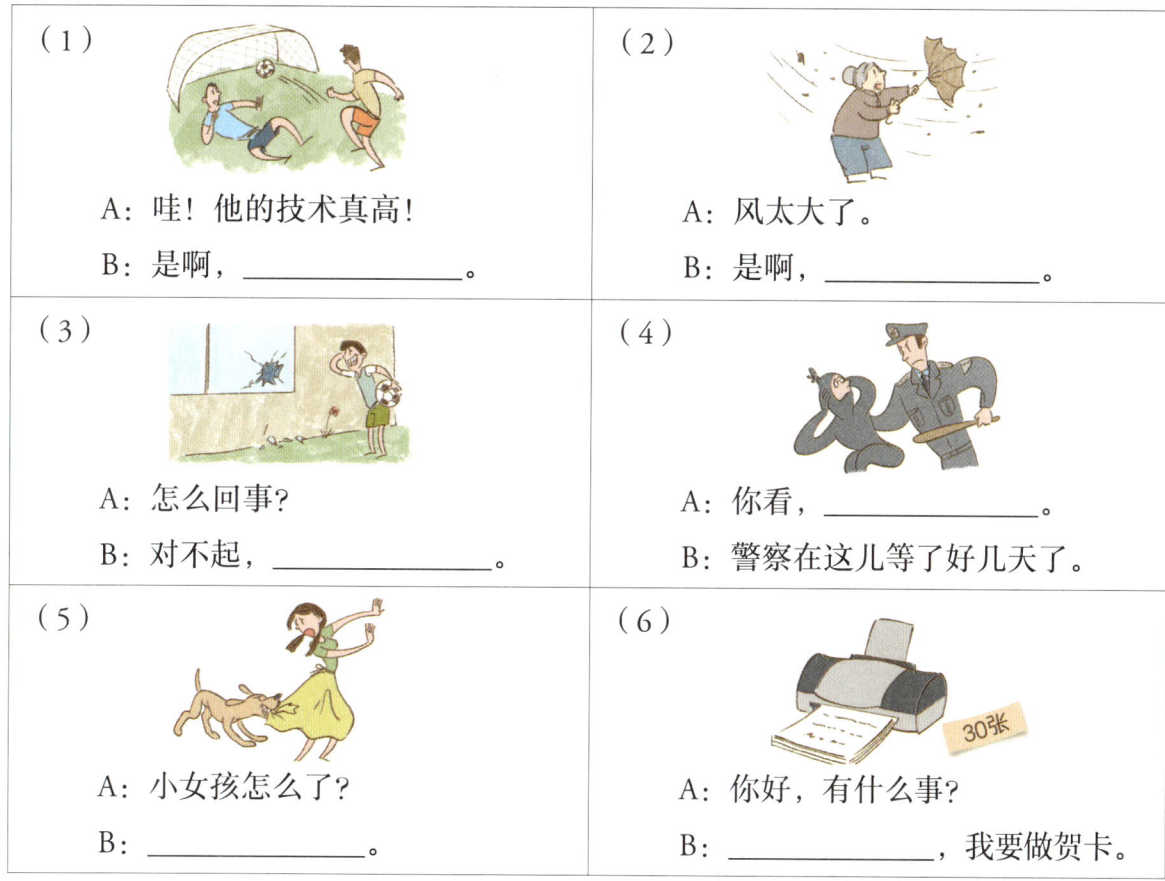

（1）
A：哇！他的技术真高！
B：是啊，_____。

（2）
A：风太大了。
B：是啊，_____。

（3）
A：怎么回事？
B：对不起，_____。

（4）
A：你看，_____。
B：警察在这儿等了好几天了。

（5）
A：小女孩怎么了？
B：_____。

（6）
A：你好，有什么事？
B：_____，我要做贺卡。

二、想一想，说一说

朋友有事不能去取签证，想请你帮他取回来。你帮不了该怎么说？请用"S+ 把 +O+V+ 补语""（a,）其实 b"说一说。

第 8 课　　147

功能表达 3

学学怎么向别人道歉（很 / 真 / 实在 + 抱歉，……）；**抱怨**（都 a 了，怎么才 / 还 b）；**承诺做出更大的努力**（尽量 +Adj（+ 点儿）/VP）

夏　　　佳：我在你们店里买了件衣服，都拍了三天了，怎么还没寄出来？
网店店主：不好意思，最近快递公司缺人，好多货都发不出去，我们也很着急。
夏　　　佳：那你应该早点儿告诉我啊。都好几天了，你怎么现在才说？
网店店主：实在抱歉，我们会尽量快点儿发出去的。

11	拍	pāi	动	to buy on internet	
12	缺	quē	动	(to be) lack of	缺货 / 人 / 钱 / 时间
13	实在	shízài	副	really	实在太倒霉 / 容易了
14	抱歉	bàoqiàn	形	be sorry	实在抱歉；对……感到很抱歉
15	尽量	jǐnliàng	副	to try as much as possible	

一、语言表达聚焦

1. 很 / 真 / 实在 + 抱歉，……

   用来向别人道歉。用"很""真""实在"等加强道歉的程度。

   Used when expressing an apology to someone. The level of apology can be increased by using words such as "很""真""实在", etc.

   例：（1）真 / 很抱歉，让您等了这么长时间。
   　　（2）实在抱歉，下次一定准时到。

 练一练：根据下列情景表达。

（1） 　　（2） 　　（3）

2. 都 a 了，怎么才 / 还 b

抱怨现在做某事不合适。a 是已经发生的事情，说话人通过"都"的重读，抱怨现在做 b 事"晚了""慢了"等。

Used to complain that a certain action is inappropriate at the present time. Because situation "a" has already occurred, "都" stresses that is "too late" for action "b".

例：(1) 都吃饭了，你怎么才回来？

(2) 都 30 岁了，他怎么还像个小孩子一样？

练一练：根据下列情景表达。

(1) 妈妈给你打了七八次电话，你才接。妈妈有点儿不高兴，可能会怎么说？

(2) 明天你要跟妹妹一起去旅行，行李已经收拾好了，妹妹却说她不去了。你生气了，会对她说什么？

(3) 你跟朋友约好听音乐会，音乐会已经开始了他还没来。你着急了，给他打电话会说什么？

(4) 你因为工作太忙，整整一年没回家看父母。父母不太高兴，他们会说什么？

3. 尽量 +Adj（+ 点儿）/VP

承诺做出更大的努力。

Used when promising to put forth a greater effort in doing something.

例：(1) 明天我会尽量早点儿来。

(2) 你说的那件事，我会尽量帮你。

练一练：看图，完成对话。

(1)
A：听说总用电脑对身体不好！
B：是吗？_____。

(2)
A：我春节的时候打算去西藏旅游。
B：_____。

第 8 课　　149

（3）

A：以后就见不到你了，怎么办？
B：_____。

（4）

A：师傅，你开得太快了。
B：_____。

二、角色扮演

你借了朋友的车，因为路上堵车没有按时还给他。朋友很着急，给你打电话。两人一组，请用"都 a 了，怎么才 / 还 b？""很 / 真 / 实在 + 抱歉，……""尽量 +Adj（+ 点儿）/VP"完成对话。

功能表达 4

学学怎么叙述事物被动作改变（主 $_O$（+ 主 $_S$）+ 谓 $_{VP}$）；**从某点对后者加以说明**（Adj/V$_{[心理]}$+ 的 + 是，……）；**叙述动作使事物固定或不变**（V 下来）

马　　克：我昨天寄了一个包裹。糟糕的是，我把寄件人和收件人写反了。您帮我查一下，包裹寄走了吗？

工作人员：（查了一下电脑）包裹今天已经寄走了。

马　　克：那我该怎么办？

工作人员：（笑）没什么，你就当作给自己寄了个"礼物"吧。

马　　克：单子我能改一下吗？

工作人员：可以。（给马克新包裹单）把对方的地址、电话写下来，这次一定要记得写在右边噢[①]！单子填好了给我。

[①] 噢（ō）：表示提醒。

16	糟糕	zāogāo	形	terrible	糟糕的事情；成绩糟糕
17	反	fǎn	形	upside down; inside out	写/穿/拿反了
18	查	chá	动	to look up; to check	查字典
19	单子	dānzi	名	list; bill of parcels	填单子
20	对方	duìfāng	名	other party; the other side	

一、语言表达聚焦

1. 主 $_O$（+ 主 $_S$）+ 谓 $_{VP}$

   叙述事物被动作改变。

   Describes that an object has been changed by an action.

   | 主 $_O$ ‖（主 $_S$）| 谓 $_{VP}$ |

   这是被动句，"主 $_O$"在意义上是"谓 $_{VP}$"的宾语，"主 $_S$"有时可省略。

   This is a passive sentence form. In terms of grammatical meaning, "主 $_O$" is actually the object of "谓 $_{VP}$". "主 $_S$" can sometimes be omitted.

   例：（1）试卷（老师）拿走了。（老师拿走试卷）

   （2）电影放完了。（放电影）

   练一练：根据下列情景表达。

   （1）  （2）  （3）  （4）

2. Adj/V $_{[心理]}$ + 的 + 是，……

   从某点对后者加以说明，经常放在句首，用来承接前者。

   Provides further explanation on a certain point. The pattern is often placed at the beginning of a sentence.

   例：（1）明天是我的毕业典礼。可惜的是，爸爸不能来参加。

   （2）人生不怕没有机会。怕的是，机会来了，你却没有准备好。

   （3）他又高又帅。更重要的是，他很爱我。

   练一练：根据下列情景和所给的信息表达。

   （1）A：你带护照了吗？

   B：带了。_____。（找不到）

（2）A：这次旅行怎么样？

B：不错。_____。（人很多）

（3）A：王阿姨给你介绍的女朋友怎么样？

B：挺好的。_____。（性格温柔）

（4）A：你现在住的地方怎么样？

B：很方便，附近有两家大超市，_____。（地铁站）

3. **V 下来**

叙述动作使事物固定或不变。

Describes an action that causes something to be fixed or unchanged.

例：（1）把你的想法写下来吧。

（2）学习汉语时，一些重要的句子要背下来。

练一练：看图，完成对话。

（1）

A：去超市买什么，你别忘了。
B：_____。

（2）

A：这里的风景真美丽啊！
B：是啊！_____。

（3）

A：你讲得太好了，_____？
B：当然可以。

（4）

A：机票只剩一张了，得快点儿订。
B：那行，_____。

二、想一想，说一说

你和同学第一次去新开的游乐场玩。你们做了很多准备，比如换零钱、查地址、买地图。但是，去游乐场那天，还是发生了一些糟糕的事。请用"主 $_O$（+ 主 $_S$）+ 谓 $_{VP}$""V 下来""Adj/V $_{[心理]}$+ 的 + 是，……"说一说。

第三部分　课文

　　这个星期，对马克来说是"黑色"的。为什么这么说呢？他这个星期很不顺利，碰到了很多倒霉事儿。

　　因为要参加一个摄影比赛，星期一马克去照相馆洗照片。老板很热情，说自己的店是百年老店，技术绝对可靠。可是，第二天他去取照片时，发现这家"专业"照相馆洗出来的照片真是太糟糕了，有的很模糊，有的照片上的人缺了胳膊少了腿。马克请对方重新洗一次，但是老板说洗得不好不是他们的原因，而是马克摄影技术差，照片拍得不好。这把马克气坏了。

　　星期三，照片洗好了，马克去邮局寄照片，邮局的工作人员让他把收件人的姓名、电话号码和地址填上。可是，他没把这些信息记下来，只好去了旁边的网吧，想把摄影比赛的通知打印出来。糟糕的是，网吧的打印机坏了，他只好用手机把通知拍下来，顺便给对方回邮件说，照片他已经寄出去了，两天后到。

　　星期六，马克收到了一封摄影比赛工作人员的邮件，告诉他报名星期

21	顺利	shùnlì	形	smooth	学习/工作/生活顺利；生活过得顺利
22	倒霉	dǎoméi	形	unfortunate	很/真倒霉；倒霉的事情
23	摄影	shèyǐng	动	to take photograph	摄影技术；摄影大赛
24	技术	jìshù	名	skill; technique	技术好/高；电脑/修理技术
25	绝对	juéduì	副	absolutely	绝对可靠；绝对没问题
26	可靠	kěkào	形	reliable	技术/人/消息很可靠
27	胳膊	gēbo	名	arm	一条胳膊
28	重新	chóngxīn	副	again; anew	重新做/洗
29	网吧 ~吧	wǎngbā bā	名	internet café bar	一家网吧 酒吧；书吧

天就结束了，可是还没收到他的照片，请他尽量快点儿把照片寄过来。马克一看就急了，都已经三天了，怎么还没寄到呢？他又去了趟邮局，邮局说照片星期三就寄出去了，星期日一定能到。马克给摄影比赛的工作人员打电话说："实在抱歉，请您再等等，我先把留下来的电子版发给您。"晚上，马克躺在床上，怎么也睡不着，担心的是，照片寄得到寄不到。星期日照片终于寄到了。

这个星期，马克真的体会到了中国人常说的"办事难，难办事，事难办"，人们常常会有"事情办得好办不好"这样的担心。他把这些事告诉了陈思思，思思说："其实这也叫好事多磨。"

30	电子版 ~版	diànzǐbǎn bǎn	名	electronic form form	中文版；英文版；原版
31	终于	zhōngyú	副	finally; after all	
32	体会	tǐhuì	动 名	to learn and know from experience realization	体会到…… 对……有体会
33	好事多磨	hǎoshì-duōmó		the road to happiness is full of hardship	

一、课文综合练习

1. 用 "S+ 把 +O+V+ 补语" 回答问题。

   （1）照片没洗好，马克让老板怎么解决？对方是怎么回答的？
   （2）照相馆老板的话让马克怎么了？
   （3）星期三，马克去邮局做什么？工作人员让马克怎么做？
   （4）马克第二次去邮局，邮局告诉马克什么？

2. 用 "V 出来" 回答问题。

   （1）马克去照相馆做什么？
   （2）马克去网吧的目的是什么？

3. 用 "V 下来" 回答问题。

   （1）马克为什么要去网吧打印通知？
   （2）马克星期六打电话时说了什么？

4. 用"Adj/V[心理]+的+是，……"回答问题。

    （1）马克星期二去取照片了吗？照片洗得怎么样？

    （2）马克去网吧做什么？碰到了什么问题？

    （3）周六晚上，马克为什么睡不着？

5. 用"主 O（+主 S）+谓 VP"回答问题。

    （1）马克洗照片时，会问老板什么问题？

    （2）照片没洗好，马克认为是什么原因？老板呢？

    （3）马克第二次去邮局时，工作人员说了什么？

6. 用"尽量+Adj（+点儿）/VP"回答问题。

    （1）马克急着用照片，会对老板说什么？

    （2）马克要求对方重新洗照片时，可能说什么？

    （3）马克希望照片早点儿寄到的话，他可能对邮局的工作人员说什么？

    （4）摄影比赛的工作人员在给马克的邮件中提出了什么要求？

7. 用"都 a 了，怎么才/还 b"回答问题。

    （1）照片没洗好，如果你是马克，会怎么抱怨？

    （2）马克收到摄影比赛工作人员的邮件，为什么急了？

8. 用"V+得/不+Adj/V"回答问题。

    （1）星期六的晚上，马克还在想什么？

    （2）人们办事的时候，经常会担心什么？

9. 用"a，顺便 b"回答问题。

    （1）马克星期三做了什么事情？

    （2）马克在网吧做了哪两件事情？

    （3）马克给摄影比赛的工作人员打电话时，说了什么？

10. 用"（a，）其实 b"回答问题。

    （1）老板怎么介绍自己的照相馆？实际上 (shíjìshàng, actually) 呢？

    （2）马克以为对方会什么时候收到照片？实际上呢？

    （3）陈思思是怎么看"办事难，难办事，事难办"的？

11. **根据课文，回答问题。**

    （1）"这个星期，对马克来说是'黑色'的"，"黑色"是什么意思？

    （2）马克这个星期碰到了哪些倒霉事？

（3）对这个星期发生的事情，马克有什么体会？

二、课文拓展练习

1. 对于发生的事情，马克和陈思思的看法不一样。你同意谁的看法？为什么？
2. 你觉得"办事难，难办事，事难办"这句话有道理吗？你碰到过这样的情况吗？请说说你办事的体会。

第四部分　综合表达训练

1. 根据学过的内容，完成语段。

　　我很喜欢住高楼，觉得住得高，看得远，有电梯（diàntī, elevator）的话上下楼也很方便。所以，从学校宿舍搬出来以后，我租了一套十五楼的房子，＿＿＿＿＿＿＿＿＿＿（V下来）。

　　搬到新家还没几天，我就遇到了一件倒霉事——电梯坏了。小区的工作人员说："＿＿＿＿＿＿＿＿＿＿（很/真/实在+抱歉，……；尽量+Adj（+点儿）/VP）"。我问他们两天＿＿＿＿＿＿＿＿＿＿（V+得/不+Adj/V），他们说差不多。我想，自己还年轻，爬十五楼还受得了，＿＿＿＿＿＿＿＿＿＿（a，顺便b）。但是，过了一个星期，电梯还是坏的，我着急了，问工作人员："＿＿＿＿＿＿＿＿＿＿（都a了，怎么才/还b）？不能让大家天天爬楼梯啊！"工作人员说："我们也很着急，可是修电梯的师傅住院了，不能来修，我们也＿＿＿＿＿＿＿＿＿＿（V出来）别的办法，只能等他出院。"三个星期以后，电梯终于修好了。＿＿＿＿＿＿＿＿＿＿（Adj/V[心理]+的+是，……），我只好又爬楼梯了。

　　这件事发生之后，我＿＿＿＿＿＿＿＿＿＿（S+把+O+V+补语）。朋友说："＿＿＿＿＿＿＿＿＿＿（(a,)其实b）。"

2. 完成任务。

如果你遇到了下面的情况，会怎么解决？两人一组，选一张图，根据提示进行表演，请尽量多用本课学过的词语和功能。

送来的包裹已经破了	东西忘在了出租车上
跟快递员 / 店主对话	跟警察 / 司机对话

3. **试一试，写一写。**

如果你的邻居 / 同屋经常半夜吵闹，让你实在受不了，影响了你的生活，你怎么解决这个问题？写一个 "千金难买 (qiān jīn nán mǎi, can not be bought with money) 好邻居 / 同屋" 的剧本 (jùběn, drama)。请尽量多用本课学过的词语和功能。

第五部分　文化读本

爱照相的中国人

　　中国人爱照相是出了名的。在世界各地，都可以看到中国人拿着照相机拍来拍去，有的人拍完了就走，都不太注意周围的景色。有人开玩笑说："在国外旅游，爱照相的都是中国人"。其实，这也不见得。长城上，不是也能看到走一步拍一步的外国人吗？拍得多与拍得少，要看这个地方对你的意义。

　　我认为，爱照相的中国人也分两种。一种是喜欢摄影的人。照相和摄影是两回事。拿着专业相机照相的，大部分是喜欢摄影的人。这些人里，中国人外国人都有，他们拿着相机主要是拍景色。另一种是想把照片留下来作纪念的人。他们每到一个地方，都要让别人给自己照张相，证明自己"到此一游"。所以，照片里人是主要的，景色只是顺便照下来的。当然，后一种人中确实中国人比外国人多。

　　那么，中国人为什么爱照相留念呢？我想一是跟中国人历史观念强有关。从古代开始，中国人就特别重视历史，重视保存各种历史材料。这种观念影响到普通人，让他们也注意保存自己一生中重要的照片，可以自己回忆，也可以向家人或者朋友讲讲自己的"光荣历史"。二是跟"穷家富路"的生活习惯有关。中国人平时很节省，出门前会做很多准备，因为担心发生想不到的事情。这样，大多数人很少出门，旅游就变成了一件非常值得纪念的事情。大部分人照相，都是因为他们很珍惜每次出去旅游的机会，觉得一生可能只来这一次，一定要尽量多照几张相，留作纪念。

当然，也有人认为中国人爱照相是因为他们活在别人的眼光里，照相的目的是为了向别人炫耀，跟别人比较，中国人的幸福是比较出来的。但是我想，这些都不是最根本的。也许经济发展得更好以后，当出国就跟坐公交车一样容易的时候，中国人也不爱照相了。你说，是吗？

1	意义	yìyì	名	to significance; importance
2	纪念	jìniàn	动/名	to commemorate; anniversary
3	证明	zhèngmíng	动	to prove; to demonstrate
4	观念	guānniàn	名	idea; concept; sense
5	强	qiáng	形	strong; forceful
6	保存	bǎocún	动	to conserve; to keep; to preserve
7	一生	yìshēng	名	all one's life
8	回忆	huíyì	动/名	to recall; memory; recollection
9	光荣	guāngróng	形	honor; glory
10	珍惜	zhēnxī	动	to treasure
11	眼光	yǎnguāng	名	vision; sight
12	炫耀	xuànyào	动	to show off
13	根本	gēnběn	形	basic; fundamental

话题讨论

1. 作者同意"爱照相的都是中国人"这个看法吗？你怎么知道的？

2. 根据文章，什么时候人们照相多？什么时候照相少？
3. 爱照相的中国人可以分成几种？请分别说一说。
4. "到此一游"是什么意思？照相的时候，他们会怎么拍？
5. 中国人重视保存照片的目的是什么？
6. "穷家富路"是什么意思？它对中国人爱照相有什么影响？
7. 中国人爱照相有哪几个原因？你觉得哪个有道理？为什么？

第9课

要是带家电就好了

基本功能项及内容

	功能项	本课表达	基本结构	举例
1	描述 Description	复杂的方位 Describing a complicated placement/orientation	NP（+的）+复杂方位词	学校东南边有一个新小区。
2	意愿 Expressing a desire	接受并喜欢做某事 Expressing willingness and happiness to do something	S+愿意（+VP）	满意的话，我愿意多花些钱。
		接受或愿意做某事 Expressing either acceptance or willingness to do something	S+肯（+VP）	这个价钱太低了，房东可能不肯租。
3	要求 Making requests	提出否定要求 Requesting that someone not do something	[人]不许+VP	你不许养宠物。
4	禁止 Prohibition	禁止做某事 To forbid a certain activity	[人₁]不许[人₂]+VP [处所]/[场合]不许+VP	房东不许房客养宠物。
5	估计/评价 Estimation/Evaluation	根据情况猜测或评价 Making a guess or evaluation based on the situation	看起来……	这套房子看起来是六七年前建的。家具看起来挺新的。
6	希望/遗憾 Expressing hope/regret	为不具备a而感到遗憾 Expressing regret that one does not possess "a"	（要是）+a+就（更）好了	要是能装个空调就更好了！

第 9 课

	功能项	本课表达	基本结构	举例
7	必须 Necessity	一定要完成VP Describing a "VP" that must be completed	非 + VP + 不可	学校要修宿舍，非让我这个月底搬出来不可。
8	意外 Something unexpected	没想到会是那种情况 Describing an unexpected situation	S + 竟然 + VP/AP	那儿竟然没空调，房东还让我自己买。
9	说明 Explanation	不这样会出现某结果 Explaining the result if something is not done in a certain way	a，不然 b	房租得一年一交，不然房东觉得不合算。
		产生某结果的条件是唯一的 Explaining that there is only one way to achieve a certain result	只有 a，才 b	只有这样，房东才肯装空调。

第一部分　课前热身

1. 看一看，查一查。
   你租过房子吗？如果你要租房子，会怎么找房子，考虑哪些方面的情况？请读一读前面图上的句子，查一查不认识的词。

2. 认一认，写一写。

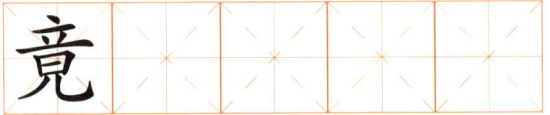

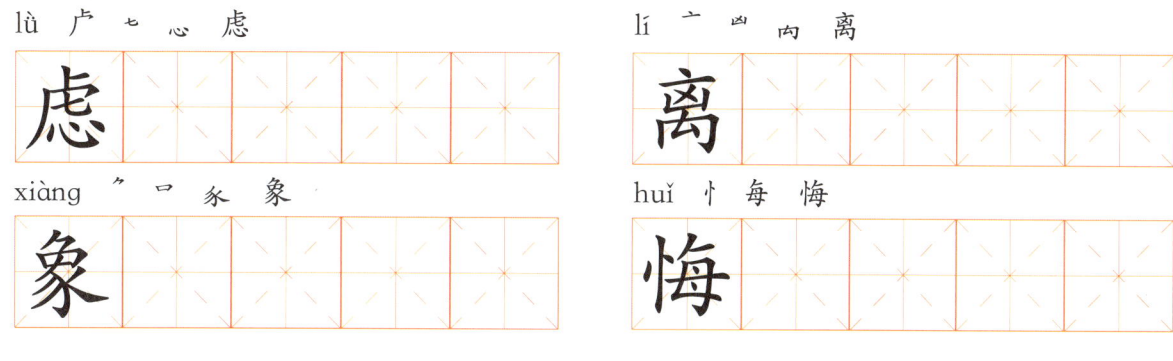

3. 学一学，填一填。

   过时　意外　商量　答应　经历　烦　后悔

   （1）这些衣服都_____了，我不爱穿了。

   （2）马克_____参加明天的聚会了吗？

   （3）你介绍一下你的工作_____吧。

   （4）李阿姨总是问我很多问题，让我有点儿_____。

   （5）结婚是件大事，你最好还是跟父母_____一下。

   （6）年轻的时候我没努力工作，现在很_____。

   （7）没想到他跑得这么快，太让我_____了。

第二部分　功能表达范例与训练

功能表达1

学学怎么表示意愿（S+肯（+VP）；S+愿意（+VP））；描述复杂的方位（NP（+的）+复杂方位词）

马　克：你好，我想租一套学校附近的房子，面积小点儿、带家电的，小区环境也要好一些。你们这儿有吗？

中　介：有啊。你们学校东南边就有一个这样的小区，环境很不错。小区中间有个湖，吃完晚饭还可以沿着岸边散散步。

马　克：那么，租一套那儿的房子要多少钱啊？两千块够吗？

中　介：这个价钱太低了，房东可能不肯租。

马　克：看房子的好坏吧，如果好的话，我愿意多花些钱。

1	面积	miànjī	名	area; acreage	面积大/小
2	带	dài	动	with	带家具
3	家电	jiādiàn	名	household electrical appliances	家电齐全
4	中介	zhōngjiè	名	intermediary	中介公司
5	中间	zhōngjiān	名	middle	操场/小区中间
6	湖	hú	名	lake	湖边；人工湖
7	沿着	yánzhe	介	along	沿着湖边/马路
8	岸	àn	名	bank	岸上；岸边
9	肯	kěn	动	to agree; to be willing to	
10	愿意	yuànyì	动	to be willing to; to be ready	

一、语言表达聚焦

1.
   NP（+的）+复杂方位词

   描述复杂的方位。常用的方位词有："～边""～面""～部""～头""之～"以及"中间"等。

   Describes a complicated orientation or placement. Commonly used direction words include: ～边""～面""～部""～头""之～""中间", etc.

   例：（1）学校的东南边是图书馆。

   （2）学校和医院中间有一条马路。

练一练：看图，完成对话。

| | （1）A：这本书多少钱？在哪儿能找到？
B：我找找，哦，_____。 |
| | （2）A：优盘应该插在哪儿？
B：_____。 |

164　　Lesson 9

(北 卧室 / 卫生间 餐厅 / 卧室 厨房 / 阳台)	（3）A：你家的卫生间在哪儿？ 　　　B：_____。
(北 小区 / 住宅区 幼儿园 / 公园 社区医院)	（4）A：听说这个小区里有医院，医院在哪儿？ 　　　B：_____。

2. **S+ 愿意（+VP）**

   表示意愿，指心里接受并喜欢做某事，侧重心理的感受。"愿意"前可以出现"很""非常"等。

   Expresses willingness and happiness to do something, with particular emphasis on one's positive feelings toward the action. "愿意" is often preceded by "很""非常", etc.

   例：（1）马克说，他毕业后愿意留在中国工作。

   　　（2）他不愿意和我们一起去旅游。

3. **S+ 肯（+VP）**

   表示意愿，指在别人要求下接受或自己愿意做某事，侧重"做某事需要付出努力或者做出牺牲"，在语义强度上"肯"要强于"愿意"。

   Expresses willingness to do something. Emphasizes that the task takes significant effort or sacrifice. "肯" carries a stronger meaning than "愿意"。

   例：（1）有些东西你肯花钱，不一定买得到。

   　　（2）马克不肯把钱借给我。

练一练：根据下列情景，完成对话。

（1）A：你今天找过小王了吧？他同意参加演讲比赛了吗？

　　 B：没有，我说了半天，_____。

（2）A：你不是给女朋友送花了吗？她怎么还生你的气？

　　 B：_____。

原谅（yuánliàng, to forgive）

（3）A：有份工作工资两万多，挺适合你的，_____？

　　 B：工资这么高，_____。

（4）A：结婚后，_____。

　　 B：其实，和父母一起住也挺好的。

二、想一想，说一说

你是中介，现在有两套房子：(1) 龙景花园：一室一厅，3000元/月，房租三个月付一次；(2) 红星里：两室一厅，2800元/月。你怎么说服客人租下来？看图，请用"S+肯（+VP）""S+愿意（+VP）""NP（+的）+复杂方位词"说一说。

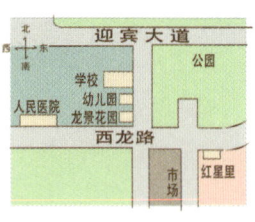

[龙景花园，(Lóngjǐng Huāyuán, a name of a district)；红星里，(Hóngxīng Lǐ, a name of a district)]

功能表达 2

学学怎么根据情况估计或评价（看起来……）；**提出否定要求或禁止做某事**（不许+VP）；**表示希望或遗憾**（（要是）+a+就（更）好了）

房　东：这套房子朝向很好，大小也适合一个人住，你随便看看吧。

马　克：好的。这套房子看起来是六七年前建的吧？

房　东：是的，所以装修还没过时。

马　克：嗯，家具看起来也挺新的。

房　东：所以啊，我们不许房客养宠物，也不许转租给别人。

马　克：这你放心，我没养宠物，房子也是自己住，要是你能给我装个空调就更好了！

11	朝向	cháoxiàng	名	orientation	朝向好
12	建	jiàn	动	to build	建房子/小区
13	装修	zhuāngxiū	动	to decorate	装修得很漂亮
14	过时	guòshí	形	out-of-date	样式过时
15	家具	jiājù	名	furniture	一套家具
16	房客	fángkè	名	lodger	
17	养	yǎng	动	to raise	养花/鸟
18	宠物	chǒngwù	名	pet	养宠物
19	转租	zhuǎn zū	动	to sublet; to sublease	
20	装	zhuāng	动	to install; to assemble	装电话/网络/电脑

一、语言表达聚焦

1. 看起来……

   表示根据某种情况估计，进行猜测。

   Expresses a guess or estimation based on a situation.

   例：（1）看起来，他只有十八岁。/ 他看起来只有十八岁。

   （2）看起来，这件衣服不便宜。/ 这件衣服看起来不便宜。

   也可以用来从某方面评价。

   Can also be used to evaluate a certain aspect of something.

   （3）这家酒店的服务看起来很不错。

练一练：根据下列情景，完成句子。

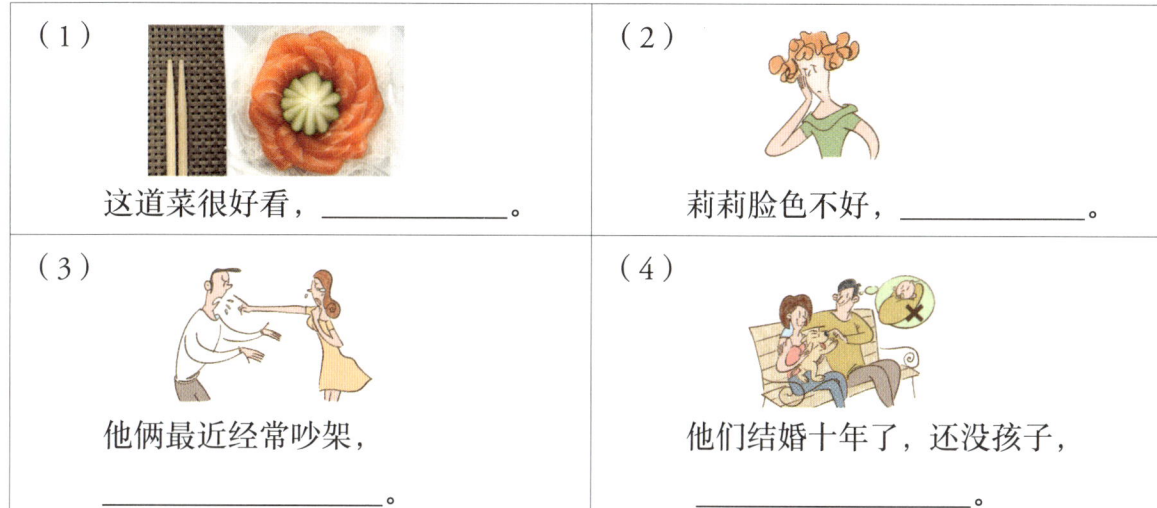

（1）这道菜很好看，_____。

（2）莉莉脸色不好，_____。

（3）他俩最近经常吵架，_____。

（4）他们结婚十年了，还没孩子，_____。

2. 不许 +VP

   提出否定要求或禁止做某事。

   Used to request that someone not do something or to forbid them from doing something.

   用法一：[人] 不许 +VP：提出否定要求。

   Requests that someone not do something.

   例：（1）你 20 岁以前不许结婚。

   用法二：[人₁] 不许 [人₂]+VP：禁止某人做某事。

第 9 课

Forbids someone from doing something.

（2）妈妈不许我回家就看电视，要先做作业。

用法三：[处所]/[场合]不许+VP：某个处所或场合禁止做某事。

Forbids doing something at a certain location or in a certain situation.

（3）教室里不许抽烟。

（4）上课不许说话、吃东西。

练一练：看图说话。

（1） （2） （3） （4）

3. （要是）+a+就（更）好了

为现在不具备a而感到遗憾；希望具备a，情况变得比现在好一些。

Expresses the speaker's feelings of regret for not possessing "a". The speaker believes that if they were to possess "a", their current situation would be somewhat better.

例：（1）刚才演讲，要是你不紧张就好了。

（2）最近很忙，要是有人帮我就好了。

（3）要是她是我女朋友就好了。

练一练：根据下列情景表达。

（1）你的优盘丢了，里面的材料没有存到电脑里。

（2）电脑坏了，但是今天修不好，你很着急。

（3）你看上了一件衣服，因为钱不够没买。第二天去的时候卖完了。

（4）朋友每天吃得多睡得多，可身材还是很苗条。

二、想一想，说一说

有一把太极剑很漂亮，你想回国送给朋友。有人告诉你太极剑不能带上飞机，你觉得很遗憾。请用"看起来……""不许+VP""（要是）+a+就（更）好了"说一说。

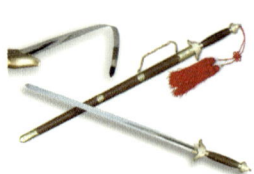

功能表达 3

学学怎么说必须完成某个动作或事情（非 +VP+ 不可）；**表示意外**（S+ 竟然 +VP/AP）

马　克：学校要修宿舍，非让我这个月底搬出来不可。你这儿还有别的房子吗？

中　介：没有了。兰香园小区的那套房子条件不错，你怎么还不满意？

马　克：如果只考虑面积、装修、朝向，兰香园的房子确实不错。可是天气这么热，那儿竟然没有空调，房东还让我自己买。

中　介：其实这是可以商量的，如果你非要空调不可的话。

［兰香园 (Lánxiāng Yuán, a name of district)］

21	意外	yìwài	形	unexpected; unforeseen	意外情况
22	条件	tiáojiàn	名	condition	条件好；生活条件
23	考虑	kǎolǜ	动	to think over; to take into account	考虑问题；考虑一下
24	竟然	jìngrán	副	unexpectedly	
25	商量	shāngliang	动	to consult; to discuss	跟……商量事情

一、语言表达聚焦

1. 非 +VP+ 不可

   必须要完成 VP。表示强调自己的决心或命令他人，语气较强。

   Describes the necessity of completing a certain "VP". This pattern strongly emphasizes one's determination to do something or can be used to emphasize a command/instruction given to another person.

   例：（1）这座山我非爬上去不可。

   　　（2）妈妈非让我今晚回家吃饭不可。

练一练：根据下列情景，完成对话。

（1）A：你弟弟学习真努力啊，是要考名牌大学吗？

　　 B：是的，_____。

（2）A：儿子，那所大学太远了，我们读这所大学吧。

　　 B：我不要，_____。

（3）A：你答应他的事情，能做到吗?

B：能，答应别人的事情，_____。

（4）A：上次比赛我们输了，_____。

B：那我们加油吧。

2. **S+ 竟然 +VP/AP**

   表示意外或超出自己的预想，指没想到会发生某事或出现某种情况。

   Describes something accidental or unpredictable, indicates that the occurrence of an event or situation was unexpected.

   例：（1）手机就在包里，你竟然没看到。

   （2）这件衣服都过时了，价钱竟然比去年还贵。

练一练：看图，完成句子。

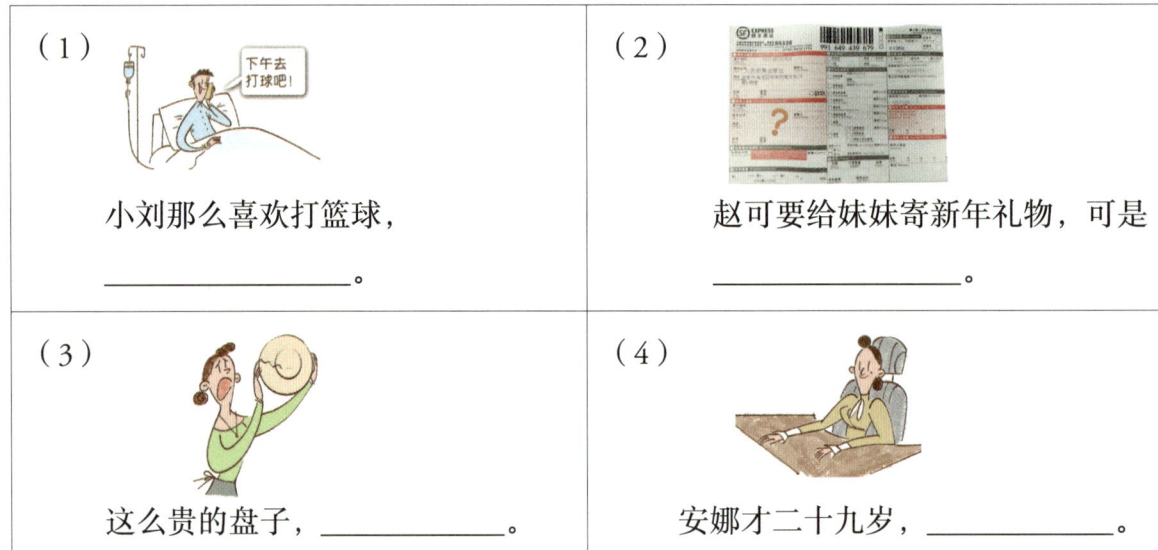

（1）小刘那么喜欢打篮球，_____。

（2）赵可要给妹妹寄新年礼物，可是_____。

（3）这么贵的盘子，_____。

（4）安娜才二十九岁，_____。

二、想一想，说一说

你看到了一条违法 (wéifǎ, illegal) 建筑 (jiànzhù, architecture) 的新闻（如右图）。请用"S+ 竟然 +VP/AP""非 +VP+ 不可"把这条新闻告诉你的同学。

功能表达 4

学学怎么说明产生某结果的条件是唯一的（只有 a，才 b）；**如果不这样会出现某结果**（a，不然 b）

平　田：马克，你今天跟房东签合同了吗？

马　克：没有。房东出差了，只有等他回来，我才能签合同。另外，又出现了新情况，太烦人了。

平　田：怎么了？

马　克：中介告诉我房租得一年一交①，只有这样，房东才肯给我装空调，不然他觉得不合算。

①一年一交：一次交清一年的房费。

26	签	qiān	动	to sign	签字
27	合同	hétóng	名	agreement; contract	签合同；一份合同；出租合同
28	出差	chūchāi	动	to be on a business trip	去北京出差
29	烦	fán	动 / 形	to bother / annoyed; to be tired of	烦人 / 心烦；听烦了
30	不然	bùrán	连	otherwise; else	
31	合算	hésuàn	形	worthwhile	很 / 不合算

一、语言表达聚焦

1. **只有 a，才 b**

   说明产生某结果的条件是唯一的。"才"后的 b 一般表示说话人的主观意愿，多带"能""会"等词语。

   Explains that there is only one way to achieve a certain result. Statement "b" that follows "才" usually expresses a subjective wish or desire of the speaker, and is often accompanied by such words as "能""会", etc.

   例：（1）只有努力学习，你才能学好汉语。

   （2）只有他参加晚会，我才参加。

📝 **练一练：看图，完成对话。**

	（1）A：你觉得怎么做身体才能健康？ B：_____。
	（2）A：老板，今天的工钱 (gōngqián, wages) 什么时候给我们？ B：_____。
	（3）A：服务员，给我拿个烟灰缸 (yānhuīgāng) 来。 B：对不起，这里不能吸烟，_____。
	（4）A：怎样才能真正了解中国，成为中国通？ B：_____。

2. **a，不然 b**

说明如果不这样会出现某结果。

Explains what will happen if something is not done a certain way.

例：（1）晚上多穿点儿衣服，<u>不然</u>会感冒的。
　　　　　　　　　　　　　　↓
　　　　　　　　　　　　如果不这样

　　（2）你最好去爬一次长城，<u>不然</u>回国后一定后悔。

📝 **练一练：根据下列情景，完成对话。**

（1）A：今天是我妈妈的生日，我还没给她打电话呢。

　　　B：那赶快打吧，_____。

（2）A：这个周末有人去你家做客，是吗？

　　　B：是的，我得收拾一下房间，_____。

（3）A：真可惜，比赛时他摔倒了。

　　　B：是啊，_____。

（4）A：我明天早上六点出发去上海。

　　　B：那你今天早点儿睡吧，_____。

二、互问互答

你想搬出去自己住，父母开始不同意，后来他们提出一些要求。面对这些要求，你怎么办？请用"只有a，才b""a，不然b"说一说。

父母的要求	你的要求
每天都给家里打电话	每星期打一次电话
每个月回一次家	有空儿就回家
自己付房租	没问题

第三部分　课文

11月11日　　　　星期一　　　　19∶00　　　　晴

为了租房子，我忙了三个月。一开始我不愿意找中介，都是自己按照出租广告去找。想想最近的租房经历，我说得最多的是："要是怎么怎么就好了！"

第一套房子，离学校非常近，就在大门右边的小区里，走路用不了五分钟。房子面积不大不小，不但装修漂亮，家电齐全，而且价钱很合适。可惜的是，楼与楼之间离得很近，看起来不到五十米，不太舒服。唉！要是距离大一点儿就好了！

第二套房子，在学校西北边，离学校一站路，过了立交桥就到了。小区是新盖的，中间还有个篮球场，房子装修很简单，房租很便宜，我比较满

32	按照	ànzhào	介	according to	按照学校的要求
33	经历	jīnglì	名	experience	学习/工作经历；留学的经历
34	之间	zhījiān	名	between; among	
35	距离	jùlí	名	distance	距离远/近；到……的距离
36	立交桥	lìjiāoqiáo	名	overpass; flyover	
37	盖	gài	动	to build	盖房子

意。但是，这套房子在六楼，没电梯，而且房东还<u>不许</u>带朋友回来。我考虑了一天，第三天再去的时候，房子<u>竟然</u>已经租出去了。我有点儿后悔，<u>要是</u>昨天租下来<u>就好了</u>！

　　有了这两次经历，我发现靠自己找房子不太容易，只好给中介公司打电话。中介公司的人很热情，很快帮我找了几套<u>学校周围</u>的房子。我都看过以后，觉得<u>学校东南边</u>兰香园小区的房子面积、朝向都不错，就是没家电。我想<u>要是</u>带家电<u>就好了</u>！所有的家电中，我觉得<u>非得</u>有空调<u>不可</u>，因为我又怕热又怕冷。我让中介帮我跟房东商量一下，房东开始还不<u>肯</u>给我装，后来说<u>只有</u>一次付清一年的房租<u>才</u>行，<u>不然</u>不合算！我答应了。

　　今天是"光棍儿节"，我总算找到满意的"对象"了，搬进了兰香园，开始了新生活。

[光棍儿节 (Guānggunr jie, Singles' Day)]

38	后悔	hòuhuǐ	动	to regret	很后悔
39	答应	dāying	动	to promise; to reply	答应……条件/要求
40	光棍儿	guānggùnr	名	bachelor	打光棍儿
41	对象	duìxiàng	名	object	找对象；学习/结婚对象

一、课文综合练习

1. 用"NP（+的）+ <u>复杂方位词</u>"回答问题。

    （1）第一套房子在哪儿？第二套房子呢？

    （2）哪个小区有篮球场？

    （3）马克最后租的房子在哪儿？

2. 用"S+ 肯（+VP）"或者"S+ 愿意（+VP）"回答问题。

    （1）马克租房子，一开始就找中介公司了吗？

    （2）第一套房子没租成，是房东不想租给马克吗？

    （3）兰香园的房东一开始想给马克安空调吗？后来呢？

3. 用"看起来……"回答问题。

    （1）第一套房子的什么地方让马克不满意？

    （2）马克可能喜欢什么运动？你是怎么知道的？

（3）比较一下这三套房子，你觉得马克最喜欢哪一套？为什么？

4. 用"S+ 竟然 +VP/AP"回答问题。

   （1）租第二套房子时，发生了什么让马克没想到的事情？

   （2）马克找房子时，知道会很麻烦吗？你怎么知道的？

5. 用"非 +VP+ 不可"回答问题。

   （1）如果马克想租到第二套房子，他一定要怎么做？

   （2）租第三套房子时，马克有什么要求？

6. 用"只有 a，才 b"回答问题。

   （1）什么条件下，马克可能租第一套房子？

   （2）什么条件下，马克可以租到第二套房子？

   （3）第三套房子一定要有什么，马克才会租？

   （4）什么条件下，房东会给马克装空调？

7. 用"a，不然 b"回答问题。

   （1）第一套房子什么地方不好？如果不是这样，马克会怎么做？

   （2）马克为什么没租到第二套房子？不这样做呢？

   （3）兰香园小区的房东提出了什么要求？为什么？

8. 用"要是 + a + 就（更）好了"回答问题。

   （1）没租第一套房子，马克怎么表示遗憾？

   （2）没租到第二套房子，马克怎么想的？

   （3）马克希望兰香园小区的房子怎么样？

   （4）光棍儿节那天，马克可能有什么希望？

9. 根据课文，回答问题。

   （1）马克是怎么找房子的？

   （2）第二套房子的房东有什么要求？

   （3）马克租房子时，主要考虑了哪些方面？

二、课文拓展练习

1. 如果你要租房子，你会自己找还是通过中介公司找？这两种方式各有什么好处和坏处？

2. 租房子时，你会考虑哪些方面？哪方面最重要？说说你的看法。

3. 你们国家有光棍儿节吗？节日的时候主要做什么？

第四部分　综合表达训练

1. **根据学过的内容，完成语段。**

   何大华现在住的地方离公司很远，上班要一个小时，每天都很累。所以，他_____。（NP（+的）+复杂方位词；非+VP+不可）

   有一天，何大华在下班的路上看到了一个出租条，房子在公司附近，一室一厅，房租很便宜，_____（看起来……）。他想：这套房子这么好，_____（要是+a+就（更）好了），我应该马上跟房东联系，_____（不然……）。和房东约好看房时间以后，何大华直接去看了房。可是，房东一看见他就说不租。他感到很奇怪，问房东为什么_____（S+肯（+VP）），房东说："我只_____（S+愿意（+VP）），你是女的，所以我不租了。"何大华说"我就是男的啊。"房东："你长得这么好看，_____（S+竟然+VP/AP）？那没问题。可是我有一个条件，_____（不许+VP），_____（只有a，才b）。"

2. **课后小调查：租房的不同方式。**

   人们租房子时，一般可以通过找中介公司、贴求租条、按照出租信息直接跟房东联系等办法。请你做个小调查，了解一下人们最常用的租房方式，然后请尽量多用本课学过的词语和功能告诉同学们调查结果。

3. **试一试，写一写。**

   你也跟马克一样，打算从学校宿舍搬出去住。有一天，你看到了下面的求租条：

   > 首次出租！中介勿（wù, please do not）扰（rǎo, to disturb）！！
   > （1）位置：离大学区很近，两室一厅一卫，87m²。一楼，南北向，精装修（refined decoration），其中一间是儿童房，家具全新。
   > （2）交通：小区门口就是公交车站，离地铁站五分钟。
   > （3）周围环境：附近有公园、超市、银行、医院、幼儿园和小学。
   > （4）月租：2800元。
   > （5）要求：必须租一年以上，最好是一家三口。
   > （6）联系方式：有意请先用短信联系，再约时间看房。电话号码13650886312。

   想一想：你对这套房子什么地方满意？什么地方不太满意？然后把自己的要求写下来，用短信发给房东。请尽量多用本课学过的词语和功能。

第五部分　文化读本

安居乐业

　　有位美国朋友刚来中国，问我："中国房价这么高，买房不如租房合算，为什么你们竟然还是愿意买房？好像非要买房不可似的。"确实，在房子问题上，中国人跟西方人在观念上有很大的不同。

　　树要有根，人要有家。那么"家"是什么？"宀"就是房子，家里人聚在"宀"下面才成为"家"。也就是说，只有有了房子才能结婚，只有结了婚才有家，成家离不开房子。所以，有的人家如果男的没有房子，父母就不许女儿嫁给他。

　　为什么会这样呢？中国的农业文明远远早于西方，所以，中国人有安居乐业、落叶归根的传统文化，从古到今都特别重视房子，把房子当成安居乐业最基本的要求。

　　"安居"就是有了房子才能安心。中国有句俗话说"金窝、银窝不如自己的草窝"，别人的房子再好也不如自己的房子。租房总是不那么让人放心，总要担心房东不出租了该怎么办？只有有了自己的房子，才能活得安心，遇到什么事也不害怕。所以，中国人愿意把挣来的钱大部分花在买房上，而不是像西方人那样享受生活。

　　快乐一定要"安居"，不然快乐从哪里来？中国人对买房的热情什么时候都一样。古代，中国人喜欢买地盖房。房子不但说明一个人有没有钱，而且还表示一个人的社会地位。现在，中国人又把买房当成一种投资，把租房当成一种消费，所以愿意省下所有的钱来买房。

　　说到底，中国人买房，买的是实在，求的是安心。

1	似的	shìde	助	the same as
2	根	gēn	名	root
3	嫁	jià	动	to marry
4	农业	nóngyè	名	agriculture
5	文明	wénmíng	名	civilization

6	安居乐业	ānjū-lèyè		to live and work in peace
7	落叶归根	luòyè-guīgēn		fallen leaves return to the roots—to revert to one's origin
8	基本	jīběn	区	basic; fundamental
9	安心	ānxīn	形	at (one's) ease
10	金窝、银窝不如自己的草窝	jīnwō, yínwō bùrú zìjǐ de cǎowō		home is best
11	投资	tóuzī	名	investment
12	消费	xiāofèi	动	to consume
13	说到底	shuō dàodǐ		all in all; considering everything
14	实在	shízài	形	true; real
15	求	qiú	动	to seek; to ask for

话题讨论

1. 作者的美国朋友觉得中国人什么地方很奇怪？
2. 如果一个男孩儿想结婚，没有房子行吗？为什么？
3. 中国人为什么会把房子当成安居乐业最基本的要求？
4. "金窝、银窝不如自己的草窝"这句话是什么意思？
5. 以前和现在，买房对中国人有什么意义？
6. 作者觉得中国人愿意买房是因为什么？
7. "在房子问题上，中国人跟西方人在观念上有很大的不同"，文章中提到了什么？你觉得还有哪些？
8. 你们国家的房价高吗？买房的人多还是租房的人多？请说说你对这个问题的看法。

第10课

"百度"一下，你就知道

基本功能项及内容

	功能项	本课表达	基本结构	举例
1	叙述 Narration	两个有关联的动作 Describing two related actions	VP₁ + VP₂	你上网注册，设好密码。
2	听任 Allowance	随意地选择自己想做的事 Choosing something that one would like to do	想 VP₁ 就 VP₁，想 VP₂ 就 VP₂	你想学汉语就学汉语，想学中国歌就学中国歌。
3	说明 Explanation	从 a 的角度看 b Looking at "b" from perspective "a"	对 a 来说，b……	对我来说，上网聊天儿是学汉语的好办法。
		在 a 的基础上补进同性质的 b Describing item "b" through similar item "a"	除了 a（以外），还/也 b	我上网除了聊天儿以外，还看新闻。
		有条件 a，就会出现结果 b Describing how condition "a" will result in "b"	只要 a，就 b	只要"百度"一下，你就会知道。
4	劝阻 Dissuasion	某个正在进行或可能发生的事情 Dissuading someone from continuing in or beginning an action	不要 + VP/AP	你不要把密码告诉别人。
5	列举 Giving examples	不完全列举 Providing a partial list of examples	a、b……什么的	你可以跟网友聊聊音乐、电影、新闻什么的。
6	描述/评价 Description/Evaluation	从某种行为角度进行描述或评价 Offering a description or evaluation based on a certain action	V 起来	这个翻译读起来太逗了。

	功能项	本课表达	基本结构	举例
7	描述 Description	程度达到顶点 Describing that an Adj/V has reached maximum level	Adj/V[心理]+死 （+[人]）+了	价钱贵死了。 这句话笑死我了。

第一部分　课前热身

1. **看一看，查一查。**
   你常常上网吗？上网做什么？请读一读前面图上的句子，查一查不认识的词。

2. **认一认，写一写。**

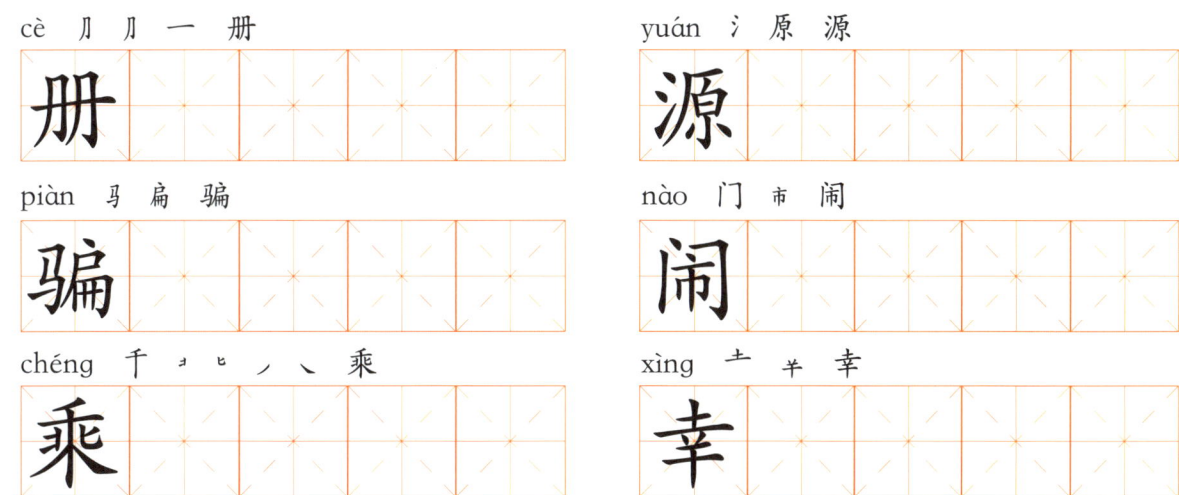

3. **学一学，填一填。**

   丰富　进步　保密　相信　堵车　保护　幸运

   （1）不管哪个社会，都应该_____儿童。

   （2）实在抱歉，我来晚了，路上_____了。

   （3）我在中国遇到了很多好人，真是太_____了。

   （4）你别把这件事告诉别人，帮我_____行吗？

   （5）他做过很多份工作，经历很_____。

（6）这件事交给你我很放心，_____你一定能做好。

（7）我觉得越喜爱中国文化，汉语_____得越快。

第二部分　功能表达范例与训练

功能表达 1

学学怎么叙述两个有关联的动作（VP₁+VP₂）；说明有了某条件就会出现某结果（只要a，就b）

马　　克：平田，最近有一家餐厅的团购很不错，我们一起去吧。

平　　田：你真厉害，都能上网团购了。

马　　克：现在团购可方便了，可以团购美食、电影、摄影、酒店，还有旅游呢！只要你能想到，团购就能做到，能省不少钱呢！

平　　田：真的啊，团购麻烦吗？

马　　克：不麻烦，你只要拿着手机上团购网注册，然后登录就可以了。当然，你一定要记住设好的用户名和密码。

1	团购	tuángòu	动	group-buying	
2	注册	zhùcè	动	to register	用邮箱注册
3	登录	dēnglù	动	to enroll	登录网站
4	设	shè	动	to set up	
5	用户名	yònghùmíng	名	user name	起用户名
6	密码	mìmǎ	名	password; code	设密码

一、语言表达聚焦

1. VP₁+VP₂

   叙述两个有关联的动作。

   Describes two related actions.

例：（1）她拿起那本书看了看。（VP₁和VP₂有先后关系）

（2）马克在房间里戴着耳机听音乐。（VP₁是VP₂的方式或状态）

练一练：看图说话。

（1） （2） （3）

2. 只要 a，就 b

说明有了条件 a，就能出现结果 b。

Describes how condition "a" will result "b".

例：（1）只要你喜欢，就可以买。

（2）只要你打个电话，东西就会送到你家。

练一练：根据下列情景，回答问题。

（1）你什么时候帮父母做家务？

（2）你觉得什么样的生活会快乐？

（3）你觉得人怎么做才能成功？

（4）你觉得怎样做才能找到好工作？

（5）如果你做错了事，你怎样做才能让对方不生气？

二、想一想，说一说

朋友想订机票，请你告诉他怎么在网上购票。请用"VP₁+VP₂""只要 a，就 b"说一说。

功能表达 2

学学怎么说明在 a 的基础上补进同性质的 b（除了 a（以外），还/也 b）；听任（想 VP₁就 VP₁，想 VP₂就 VP₂）

莉　莉：你知道吗？同学们都叫你"网迷"呢。你经常上网做什么？

马　克：我经常上网聊天儿，除了聊天儿以外，还看新闻、查信息。最近忙着建一个汉语学习网站。

莉　莉：原来你还是网络高手啊！你的网站除了学汉语，还能学中国歌吗？

马　克：那当然了。我这个网站资源很丰富，想学汉语就学汉语，想学中国歌就学中国歌，应有尽有。

7	网迷 ~迷	wǎngmí mí	名	Internet fan fan	歌迷；球迷；影迷
8	除了	chúle	介	except	
9	信息	xìnxī	名	information	信息多
10	建	jiàn	动	to set up; to construct	建国／军／公司
11	网站	wǎngzhàn	名	website	建网站
12	高手 ~手	gāoshǒu shǒu	名	master-hand -hand	网络／厨艺高手 新手；能手
13	资源	zīyuán	名	resource	
14	丰富	fēngfù	形	abundant; plentiful; rich	资源／经历丰富
15	应有尽有	yīngyǒu-jìnyǒu		to have everything that one expects to find	

一、语言表达聚焦

1. 除了 a，还／也 b

   说明在 a 的基础上补进同性质的 b。

   Describe item "b" through similar item "a".

   除了 a ，还／也 b = a + b

   例：（1）上网除了可以看新闻，还可以下载视频。
   　　　　　　　　　　　　a　　　　　　　b
   　　（2）除了他不知道，我也不知道。
   　　　　　　a　　　　　b

   练一练：看图，完成对话。

   （1）A：我应该怎么跟您联系？
   　　　B：＿＿＿＿＿＿＿＿＿＿。

（2）A：大夫让你怎么做?

　　B：_____。

（3）A：他会说几门外语?

　　B：三门，_____。

（4）A：晨练的时候老年人一般做什么?

　　B：_____。

（5）A：你觉得哪些食物不健康?

　　B：_____。

2. 想 VP₁ 就 VP₁，想 VP₂ 就 VP₂

听任，表示可以随意地选择自己想做的事。

Expresses that one is free to choose what they would like to do.

例：（1）运动会的项目，你想跑步就跑步，想跳高就跳高，选什么都行。

　　（2）今天家里没有人，我一个人想睡觉就睡觉，想看电视就看电视。

练一练：根据下列情景，完成对话。

（1）A：晚会上我们做什么?

　　B：什么都可以，_____。

（2）A：早睡早起对身体好，你是这样吗?

　　B：不是，_____。

（3）A：今天晚上买什么菜好呢?

　　B：什么都可以，_____。

（4）A：我上班交通很方便，_____。

　　B：那你比我舒服多了，我只能坐公交。

二、讲述经历

你们国家最大的节日是什么？一般怎么过节（吃 / 喝 / 玩）？请用"除了 a（以外），还 / 也 b""想 VP_1 就 VP_1，想 VP_2 就 VP_2"介绍一下。

功能表达 3

学学怎么表示不完全列举（a、b……什么的）；**从某人或某事的角度进行说明**（对 a 来说，b……）；**劝阻**（不要 +VP/AP）

平　田：马克，你最近汉语怎么进步得这么快？

马　克：可能是因为我经常跟中国网友聊天儿吧。对我来说，这是一种学汉语的好办法。

平　田：你经常跟网友聊些什么？

马　克：什么都聊，音乐、电影、新闻什么的。

平　田：可是我听说跟网友聊天儿有点儿危险，有人受骗了。

马　克：没那么危险，聊天儿的时候注意保密就行，不要把什么账号啊、密码啊告诉别人。

16	进步	jìnbù	动	to make progress	进步得快 / 大
17	危险	wēixiǎn	形	dangerous	非常危险
18	骗	piàn	动	to cheat; to deceive	骗人；受骗
19	保密	bǎomì	动	to keep secret	注意保密
20	账号	zhànghào	名	account number	银行账号

一、语言表达聚焦

1. **a、b……什么的**

   用在一个或几个并列成分后，表示不完全列举，常用在口语中。

   Used after one or more related items, such as when providing examples, to indicate that there are further items left unsaid. This pattern is frequently used in spoken Chinese.

   例：(1) 我不喜欢打球、跑步什么的，喜欢上网。

   　　(2) 桌子上放着各种菜、酒、饮料什么的。

"什么"也可以用在几个并列成分前,后面可以带上语气词"啊"。

"什么" can also be placed before a list of related items, followed by modal particle "啊" at the end of the sentence.

（3）什么打球啊、跑步啊,我都不喜欢,我喜欢上网。

（4）什么菜啊、酒啊、饮料啊,都放在桌子上。

练一练:根据下列情景,完成对话。

（1）A:老婆,你今晚想吃什么?

　　B:随便,_____,都可以。

（2）A:马克会唱很多中国歌,_____。

　　B:他真行,我只会唱一首。

（3）A:天太热了,我一点儿也不想动。

　　B:我也是,所以一到夏天,我就做室内运动,_____。

（4）A:你一般去哪儿买东西?

　　B:我去家乐超市,那儿商品很丰富,_____,应有尽有。

2. 对a来说,b……

表示从a的角度看b,b一般是用来说明a的观点或有关情况。

Expresses "b" from the perspective of "a". "b" is frequently an explanation of the opinion of "a" or a condition related to "a".

例:（1）对学生来说,努力学习最重要。

　　（2）对学汉语来说,唱歌也是一种好办法。

练一练:看图,完成对话。

|  | （1）A: 我的网友说"黑色六月"要来了,为什么啊?
　　B: _____。 |

第 10 课　　187

	（2）A：我想体验 (tiyàn, to experience) 中国文化，去什么地方旅行好？ 　　　B：_____。
	（3）A：听说现在中国很多年轻人只租房不买房。 　　　B：是的，_____。
	（4）A：你这么累，赶快休息吧，怎么还要去游泳？ 　　　B：_____。

3.
> 不要 +VP/AP
>
> 表示劝阻某个正在进行或可能发生的事情。
>
> Used to dissuade someone from continuing an action that is already in progress or from possibly engaging in a certain action in the future.
>
> 例：（1）你不要吃这种甜东西，对健康没有好处。
> 　　（2）上课的时候不要说话。

练一练：根据下列情景表达。

（1）如果你弟弟晚上两点还在打游戏，你怎么劝他？

（2）你的朋友跟他的恋人分手了，心情很糟糕，你怎么劝他？

（3）有人乱扔 (rēng, to chuck) 垃圾，你会怎么劝说他？

（4）你的同事特别喜欢吃海鲜喝啤酒，你想提醒他注意身体，怎么说呢？

二、想一想，说一说

全家人准备一起出去运动，弟弟妹妹因为爱好不同吵了起来，最后你劝住了他们。请用"a、b……什么的""对 a 来说，b……""不要 +VP/AP"说一说。

功能表达 4

学学怎么从某种行为角度进行描述或评价（V 起来）；**描述程度达到顶点**（Adj/V[心理] + 死（+[人]）+ 了）

马　　克：思思，你在看笑话吗？笑得这么厉害。

陈思思：不是笑话，是网上的在线翻译，读起来太逗了。

马　　克：哦？给我看看。（大笑）怎么把"小心地(dì)滑"翻译成了"小心地(de)滑(to slip carefully)"，笑死我了。

陈思思：在线翻译用起来很方便，但常常翻译得不准，闹出笑话。看来，我们不能完全相信在线翻译。

21	笑话	xiàohua	名	joke	说/讲笑话
22	在线	zàixiàn	动	to be online	在线游戏/翻译
23	逗	dòu	形	funny	挺逗的
24	滑	huá	形 动	slippery to slip	地/路滑 滑雪；滑滑梯
25	准	zhǔn	形	accurate; exact	说/翻译得很准
26	闹	nào	动	to make	闹笑话
27	完全	wánquán	副	completely; totally	完全同意/反对

二、语言表达聚焦

1. **V 起来**

   从某种行为角度进行描述或评价。常用"听""看""闻""说""读"等表示感官的动词。

   Describes or evaluates something based on a certain action. Sensory verbs such as "听""看""闻""说""读" are frequently used.

   例：（1）他的话听起来很有道理。

   　　（2）这道菜看起来不错，不知道吃起来怎么样。

- 练一练：根据下列情景，完成句子。

  （1）A：手机响了半天了，你怎么不接？

  　　B：没听见，铃声_____。

  （2）A：我们买这套沙发怎么样？

  　　B：好啊，_____。

  （3）A：你要去看"眼睛"还是看"眼镜"？_____，我常常听错。

  　　B：我的眼镜坏了，想去店里看看。

  （4）A：这件事交给我你就放心吧。

  　　B：你不要说大话 (shuō dàhuà, to talk bigy)，很多事常常_____。

2. Adj/V[心理] + 死（+[人]）+ 了

   描述程度达到顶点，可以理解为"非常 +Adj/V[心理]"，常用于口语。

   Describes that the level of an Adj/V has reached its peak. Can be thought of as "非常 +Adj/V[心理]". This pattern is frequently used in spoken Chinese.

   例：（1）昨天晚上又刮风又下雪，冷死了。（天气非常冷）

   　　（2）杰克的钱包被偷了，他恨死小偷了。（他非常恨小偷）

   　　（3）这件事办了很多次还没办好，烦死我了。（这件事让我非常烦）

- 练一练：看图说话。

（1） 	（2） 	（3） 
这个房间很久没打扫，_____。	孩子不听话，_____。	周末还要干活儿，_____。

三、猜谜

全班学生分成两组，每组轮流出一个人看教师准备的卡片，卡片上写着或画着某个东西或事情，用"V 起来""Adj/V[心理] + 死（+[人]）+ 了"描述这个东西的特点，让其他同学猜一猜。

例：（看右图提问）这个词人们看比赛的时候经常说，可是写起来难死了。

第三部分　课文

夏　佳：李老师，我明天要去长城酒店参加朋友的婚礼，您知道从学校怎么去吗？

李　悦：我也不太清楚，我帮你"百度"一下吧。（过了一会儿）这个酒店离学校还挺远的，百度地图上显示有21.7公里，如果不堵车的话，打车大约要二十九分钟，六十七块钱。

夏　佳：六十七块呀？对我们学生来说，贵死了。有公交或者地铁吗？

李　悦：有啊，可是没有直达的，都得换乘两次或者三次，起码得两个小时。

夏　佳：啊？这么麻烦，还有别的办法吗？

李　悦：你可以试试拼车。

夏　佳：拼车是什么意思？

李　悦：就是只要大家出行的路线相同，就坐同一辆车，分摊车费。

夏　佳：听起来很不错，不但节省自己的费用，还保护环境和方便别人。

李　悦：是啊，拼车是最近几年流行起来的，现在很多城市都有自己的拼车

28	显示	xiǎnshì	动	to show; to display	显示出来
29	堵车	dǔchē	动	to have a traffic jam	堵车厉害
30	大约	dàyuē	副	approximately	
31	直达	zhídá	动	non-stop	直达北京
32	换乘	huànchéng	动	to transfer	换乘地铁
33	起码	qǐmǎ	副	at least	
34	拼	pīn	动	to piece together	拼车/图
35	出行	chūxíng	动	to go out	
36	路线	lùxiàn	名	route	出行路线
37	分摊	fēntān	动	to share	分摊房租
38	费用	fèiyòng	名	expenses	费用高
39	保护	bǎohù	动	to protect	保护环境/孩子/动物

夏　佳：网。除了有上下班的拼车信息以外，还有旅游的拼车信息呢。
夏　佳：那有明天去长城酒店的拼车信息吗？
李　悦：哈哈，你太幸运了，还真有，你赶快跟对方联系吧。
夏　佳：谢谢李老师。
李　悦：不用谢我，谢谢"百度"吧。网上什么信息都有，什么团购啊、拼车啊、出租啊，只要"百度"一下，你就会知道。
夏　佳：确实，"百度"用起来很方便。可是，对我来说，在网上看中文信息还有点儿难。
李　悦：你不要着急，这些信息的内容都差不多，你慢慢就会习惯的。你学汉语挺快的，我想不用三个月，你就可以想"百度"就"百度"了。

| 40 | 幸运 | xìngyùn | 形 | lucky | 幸运日；很幸运 |
| 41 | 内容 | nèiróng | 名 | content | 内容丰富/多；文章的内容 |

一、课文综合练习

1. 用"VP$_1$+VP$_2$"回答问题。

    （1）夏佳明天要做什么？

    （2）夏佳打算怎么去酒店？

    （3）李老师上网干什么？

2. 用"对 a 来说，b……"回答问题。

    （1）夏佳是做什么的？为什么不愿意打的去？

    （2）夏佳为什么不自己上网查信息？

3. 用"想 VP$_1$ 就 VP$_1$，想 VP$_2$ 就 VP$_2$"回答问题。

    （1）上网能查什么信息？

    （2）李老师觉得三个月以后夏佳可以随意做什么？

4. 用"除了 a（以外），还/也 b""a、b……什么的"回答问题。

    （1）只能打车去长城酒店吗？还有别的办法吗？

    （2）拼车网上有上下班的拼车信息，还有什么？

    （3）网上有团购信息，还有什么？

5. 用"只要 a，就 b"回答问题。

    （1）夏佳能不能坐公交或者地铁去酒店？为什么？

（2）拼车是什么意思？

（3）你想知道拼车信息，该怎么办？

（4）李老师为什么说"不用谢我，谢谢'百度'吧"？

6. 用"V 起来"回答问题。

（1）李老师跟夏佳说了拼车以后，她觉得拼车怎么样？

（2）夏佳觉得"百度"怎么样？

7. 用"Adj/V[心理]＋死（＋[人]）＋了"回答问题。

（1）夏佳觉得打车去酒店怎么样？

（2）夏佳为什么不想坐公交车或者地铁去酒店？

8. 根据课文，回答问题。

（1）酒店离学校有多远？李老师怎么知道的？

（2）拼车有什么好处？拼车的人多吗？

（3）李老师为什么说夏佳"太幸运了"？

（4）夏佳觉得看中文网站有点儿难，李老师怎么劝她的？

二、课文拓展练习

1. 你用过"百度"吗？用"百度"做什么？感觉怎么样？

2. 你拼过车吗？你怎么看"拼车"这种现象？

3. 在你们国家，买东西也可以团购吗？这种方式流行吗？请你说一说。

第四部分　综合表达训练

1. 根据学过的内容，完成语段。

你在网上交过朋友吗？根据报道，现在"90后"一般有十个以上的网友。为什么年轻人喜欢交网友呢？

_____（对 a 来说，b……）。最大的好处是可以认识性格不同、来自不同国家的朋友，比如_____（a、b……什么的），这样，_____（除了……（以外）），还可以了解不同国家的文化。而且，跟网友聊天儿时可以_____（想 VP$_1$ 就 VP$_1$，想 VP$_2$ 就 VP$_2$），不用担心给生活带来什么不方便，因为他们虽然在网上是朋友，但是在现实生活中互相不认识。另外，现在生活节奏越来越快，人们压力越来越大，＿＿＿＿＿＿＿＿＿＿＿＿（V起来）可以减轻压力。

当然，网上交友也有一些不好的地方。因为大多数网友都是没见过面的朋友，所以我们不知道他们说的话是不是真的，有时都不知道他们是男的还是女的，＿＿＿＿＿＿＿＿＿＿＿＿（不要+VP/AP）。听说有一位年轻的小伙子在网上认识了一个"漂亮的姑娘"，认识一段时间后，小伙子决定跟"姑娘"结婚，这时才发现这不是一个漂亮的姑娘，而是一位老爷爷。真是＿＿＿＿＿＿＿＿＿＿（Adj/V[心理]+死（+[人]）+了）！

我觉得网上交友有好有坏，＿＿＿＿＿＿＿＿＿＿＿＿（只要a，就b）。

2. 辩论比赛。

全班同学分成两组，辩论网络的好与坏。请尽量多用本课学过的词语和功能。

正方观点：上网好处多极了，人人都应该上网。

反方观点：上网坏处太多，最好不要上网。

3. 试一试，写一写。

把辩论比赛中双方的观点整理出来，配上照片，做成班级活动日志（rizhi, daily record），发到学校网站的讨论区。请尽量多用本课学过的词语和功能。

第五部分　文化读本

爱上网络爱上"她"

自从有了网络，世界就越变越小了，人们迎来了一个信息时代。

当上网刚刚出现在人们的生活里时，它吸引了很多人。上网除了可以学习知识以外、还可以收发邮件、购物、买票、交友什么的，让人们感到生活的空间变大了，好像世界就在眼前。人们享受着各种各样的网上服务，兴奋极了。

现在，人们可以不出家门就能办各种事情，比如什么上网订外卖啊、买生活用品啊，交话费啊，玩游戏啊。以前只有出门才能办的事情，现在只要有网络就能办，所以越来越多的人"宅"在家里，听说有人一年没出过家门。

为什么有人喜欢"宅"在家里呢？现代社会人们生活压力都很大，人与人之间的关系变得冷漠。他们更愿意生活在网络世界里，放松自己，想笑就笑，想哭就哭。对他们来说，只有在网络世界里才能做真实的自己。这样，离开网络，回到社会，人们常常会觉得很孤独，找不到自己满意的对象。最近，有个年轻人向法院申请跟自己的电脑结婚，听起来非常奇怪。

其实，网络可以提高我们的生活质量，你可以爱上网络，但是不要迷恋"她"，闹出一些笑话来。

1	迎	yíng	动	to greet; to meet; to welcome
2	吸引	xīyǐn	动	to attract
3	空间	kōngjiān	名	space
4	各种各样	gèzhǒng-gèyàng		all kinds of
5	兴奋	xīngfèn	形	excited
6	用品	yòngpǐn	名	articles for use
7	宅	zhái	动	to stay at home
8	冷漠	lěngmò	形	cold and detached; indifferent
9	放松	fàngsōng	动	to relax
10	真实	zhēnshí	形	true; real
11	孤独	gūdú	形	lonely
12	法院	fǎyuàn	名	court of justice
13	迷恋	míliàn	动	to be infatuated with

话题讨论

1. 自从有了网络以后，世界发生了什么变化？
2. 网络为什么吸引了很多人？
3. 以前什么事情人们得出门办？现在呢？
4. 为什么越来越多的人喜欢"宅"在家里不出门？
5. 那个年轻人为什么想跟自己的电脑结婚？你觉得这件事怎么样？
6. 作者认为应该怎么看待网络？

第 11 课
这是我的一点儿心意

基本功能项及内容

	功能项	本课表达	基本结构	举例
1	描述 Narration	一个接一个地做 Describing a series of actions	一+量+一+量（+地）+VP	你<u>一个一个地</u>确认时间吧。
2	列举 Giving examples	列举事物、动作 Giving an example of an object or action	……等（+N）	你请一下市长、副市长<u>等</u>市里的领导。
3	必须 Necessity	一定要完成某行为 Insisting that an action be completed	不 VP 不行	我很想参加，但我那天有事，<u>不去不行</u>啊。
4	能力 Ability	表示能/不能全部顾及 Describing ability/inability to fully attend to something	V+得/不+过来	我那天<u>忙不过来</u>。
5	顿悟 Realization	明白了某事的原因 Describing a sudden understanding of the reason behind something	怪不得a(，原来b)	<u>怪不得</u>你下来晚了，<u>原来</u>是当"活雷锋"去了。
6	说明 Explanation	在b的范围内排除a Excluding item "b" from category "a"	除了a（以外），b 都 VP	<u>除了</u>你，其他人都下班了。
		与a相对或相反的b Describing condition "b" as relative to or opposite of "a"	a，不过 b	我很想参加，<u>不过</u>那天事情特别多。
		在极端a的情况下，结果b不变 Expressing that even under extreme circumstances the result will not change	即使a，也 b	咱们<u>即使</u>再忙，<u>也</u>要抽时间聚一聚。

	功能项	本课表达	基本结构	举例
7	肯定 Affirmation	用反问表强烈肯定 Using a rhetorical question to express strong affirmation	能不……吗	能不去吗？
8	道歉 Expressing apologies	表示歉意 Expressing regret and apologies for something	真/实在+过意不去，[原因]	真过意不去，让你破费了。

第一部分　课前热身

1. 看一看，查一查。
   在我们的生活中，有时需要邀请和拜访别人，这时你一般会怎么做呢？请读一读前面图上的句子，查一查不认识的词。

2. 认一认，写一写。

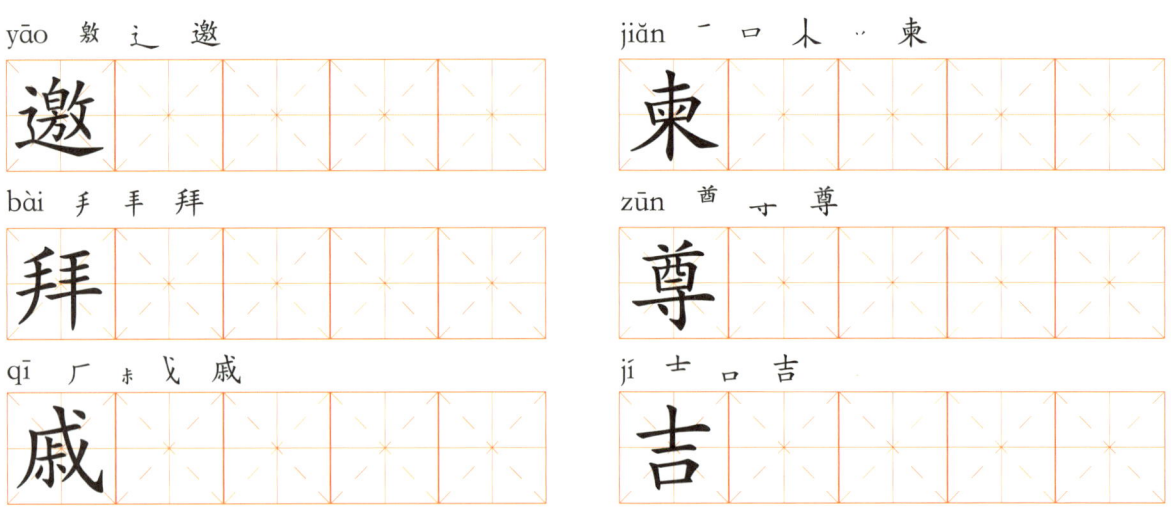

3. 学一学，填一填。
   尊敬　正式　熟悉　争取　招待　庆祝　耐心　祝福
   （1）她非常_____，很适合当护士。

（2）不管在什么时候，我们都应该_____父母。

（3）这次生意谈成了，大家一起去_____一下吧。

（4）来中国这么久，很多事情我已经_____了。

（5）圣诞节那天，我收到了很多人的节日_____。

（6）你今天穿得这么_____，有什么重要的事情吗？

（7）主人一般会很热情地_____客人，这是一种礼节。

（8）你成绩这么好，一定能_____到这份工作，要相信自己。

第二部分　功能表达范例与训练

功能表达 1

学学怎么描述一个接一个地做某事（一+量+一+量（+地）+VP）；列举（……等（+N））

平　田：经理，这次公司的庆典，要邀请哪些人参加？

经　理：除了我们公司的各位董事，还要请市长、副市长等市里领导。

平　田：为了表示尊敬，是不是给各位领导正式发一个请柬？

经　理：是的，送请柬的时候，还可以一个一个地跟领导确认一下时间。

1	经理	jīnglǐ	名	manager	
2	庆典	qìngdiǎn	名	celebration	周年/节日庆典；举行庆典
3	邀请	yāoqǐng	动	to invite	邀请客人
			名	invitation	接受邀请
4	董事	dǒngshì	名	director; trustee	
5	市长	shìzhǎng	名	mayor	
	~长	zhǎng		chief; head	董事长；科长；校/院长；班长
6	副	fù	区	vice; deputy	副市长/校长/教授；副手
7	领导	lǐngdǎo	名	leader	各位领导
8	尊敬	zūnjìng	动	to respect	尊敬父母/师长

第 11 课　199

9	正式	zhèngshì	形	formal	穿得很正式
10	请柬	qǐngjiǎn	名	invitation card	写／发／送请柬；一张请柬
11	确认	quèrèn	动	to confirm	确认时间／人数

一、语言表达聚焦

1.
   一 + 量 + 一 + 量（＋地）+VP

   描述行为方式，表示"一个接一个地"做某事。

   Used to describe behavior. Expresses doing something "one after another".

   例：（1）妈妈告诉她，饭要一口一口地吃。

   （2）汽车一辆一辆地从她眼前开过去。

   比一比：

   a. 汉字要一个一个地写，才能写得好。（一个接一个地）

   b. 他提出的一个个问题都很有意思。（很多）

   c. 他写的汉字个个都很好看。（每一个）

   练一练：看图，完成句子。

   （1）他们＿＿＿＿，一定能爬上去。

   （2）它们排着队，＿＿＿＿。

   （3）这个孩子＿＿＿＿，写得真认真啊。

2.
   ……等（+N）

   用来列举事物、动作，后面常出现其他词语或用数字合计。

   Used when providing examples of objects or actions. "等" is usually followed by another word or the sum of the number of examples mentioned.

   例：（1）莉莉学会了汉语、英语和俄语等七种语言。

   （2）那次晚会马克、莉莉、平田等同学都参加了。

比一比：
> a. 这学期我上了很多课程，有听力、阅读、文化等。
> b. 马克去过很多国家，例如中国、韩国、美国等国家。

练一练：根据下列情景，完成句子。

（1）超市里商品丰富，有书、＿＿＿＿＿＿，也有服装、＿＿＿＿＿＿。

（2）每次奥运会时，都要举行跑步、＿＿＿＿＿＿＿＿＿＿＿。

（3）中国人家里一般都有电视、＿＿＿＿＿＿＿＿＿＿＿＿。

（4）中国有春节、＿＿＿＿＿＿＿＿＿＿＿＿＿＿＿＿＿。

二、想一想，说一说

快期末了，同学们打算邀请老师办个晚会，晚会上还要表演节目。请用"一+量+一+量（+地）+VP""……等（+N)）"说说演什么节目，怎么请老师。

功能表达 2

学学怎么说明排除关系（除了a（以外），b都VP）**；必须要完成某行为**（不VP不行）**；顿悟**（怪不得a（，原来b））

（李老师在她爱人单位楼下等他）

李　悦：你怎么下来得这么晚？电影快开始了。

爱　人：事情太多，不做完不行啊！

李　悦：怎么就你事情多？除了你，其他人早都下班了。

爱　人：我们单位不是新招了几个人吗？他们不熟悉情况，头儿让我帮他们。

李　悦：怪不得下来晚了，原来是当"活雷锋"了。

[雷锋 (Léi Fēng, He is a good soldier, who served the people all his life. Chairman Mao called on people to learn from him on March, 5th, 1963)]

12	单位	dānwèi	名	unit; company	一家单位
13	招	zhāo	动	to enroll	招生/人；招工
14	熟悉	shúxi	动	be familiar with	熟悉情况
15	头儿	tóur	名	head; boss	

| 16 | 怪不得 | guàibude | 副 | no wonder; it explains why… |

一、语言表达聚焦

1. 除了 a（以外），b 都 VP

   说明在 b 的范围内排除 a。后面"都、全"，强调剩余部分的一致。

   Describes that "a" is excluded from category "b". Words such as "都" or "全" placed after "b" can be used to stress the unity of the group that is left over.

   例：（1）除了星期三（以外），别的时间马克都有事。

   （2）除了莉莉没来（以外），其他同学都来了。

星期一	星期二	星期三	星期四	星期五	星期六	星期日
上课	上课		上课	上课	打球	约会

练一练：看图，完成对话。

（1）A：你去过中国的哪些名胜古迹？
　　B：_____。　　长城

（2）A：这件事只有我知道吗？
　　B：是的，_____，你一定要帮我保密。

（3）A：你有什么忌口的吗？
　　B：_____。

（4）A：星期天我忙了一天，_____。
　　B：那你肯定累坏了。

（5）A：每个人都可以学开车吗？
　　B：不是，_____。

202　　Lesson 11

2. **不 VP 不行**

必须要完成某行为，常常是在别人不理解或担心别人不理解时进行解释。

Expresses insistence that something be done. Often used to offer explanation when others do not understand something or when one is afraid others may not understand something.

例：（1）明天是妈妈生日，不回去不行啊。

（2）我还有这么多工作没做完呢，看来不加班不行了。

练一练：根据下列情景，回答问题。

（1）A：你不是做过激光 (jīguāng, X-ray) 手术了吗？怎么还戴眼镜？

　　B：又近视了，_____。

（2）A：你今晚不跟我们一起去唱歌吗？

　　B：不了，我家有客人来，_____。

（3）A：你为什么只吃蔬菜啊？

　　B：唉！最近体检_____。

（4）A：把汉语学好就能成为中国通了吧？

　　B：才不是呢，_____。

3. **怪不得 a（，原来 b）**

用来表示顿悟。表示明白了原因 b 后，不再觉得结果 a 奇怪。

Used to express sudden realization or understanding of something. After understanding the reason behind "b", one no longer believes that result "a" is strange.

例：（1）怪不得最近没看到莉莉，原来她回国了。

（2）A：莉莉昨天回国了。

　　B：怪不得我没看到她。（在对话中，"怪不得 a" 可单独使用。）

练一练：根据下列情景，完成对话。

（1）A：小李今天病了。

　　B：_____。

（2）A：我两天没喝水了。

　　B：_____。

第 11 课　　203

（3）A：马克的妈妈是中国人。

B：_____。

（4）A：我朋友这个假期要来看我。

B：_____。

二、角色扮演

两人一组，一人扮演父母/母亲，一人扮演孩子，孩子提出请求（比如：晚回家/喝酒/……），父亲/母亲不同意，并说明原因。请用"除了a（以外），b都VP""不VP不行""怪不得a（，原来b）"进行表演。

功能表达3

学学怎么说明相对或相反的二者（a，不过b）**；有没有能力全部顾及**（V+得/不+过来）**；用反问表强烈肯定**（能不……吗）

马　克：周六我过生日，在学校门口的酒吧开晚会，你来参加吧。

陈思思：我很想参加，不过那天事情特别多，忙不过来，可能去不了。

马　克：你要是来不了，我过生日都没心情了。什么事情周六还要忙？

陈思思：是帮一位同学打工，早就答应他了，我能不去吗？这样吧，我争取早点儿赶过去。

17	不过	búguò	连	but	
18	打工	dǎgōng	动	to do work for others	在餐厅打工
19	争取	zhēngqǔ	动	to try for; to fight for	争取时间/机会
20	赶	gǎn	动	to rush for	赶时间；赶火车

一、语言表达聚焦

1. a，不过b

   说明与a相对或相反的b。b是对a的补充或修正，也可以是与a不同或对立的另一件事。

   Describes a condition, "b", that is either relative to or the opposite of "a". Statement "b" may be a supplement correction or completely opposed to "a".

例：（1）喜欢他的人很多，不过他不知道是谁。

（2）A：秋天了，天气应该凉了。

B：不过今天还有点儿热。

练一练：看图，完成句子。

	（1）有的人喜欢逛街，_____。
	（2）这种花很常见，_____。
	（3）她昨天背了一百个单词，_____。
	（4）现在很多人喜欢住在农村，_____。

2. V+ 得 / 不 + 过来

用来表示能力，意思是能 / 不能全部顾及。

Used to describe the ability or inability to fully attend to something or take something into consideration.

例：（1）这么多活儿，我一个人干不过来。再多一个人，才能干得过来。

（2）你让我一个晚上看完这三本书，我看不过来。

练一练：看图，完成对话。

（1）A：听说这些都是最近最好看的电影。 　　B：你一下子买这么多，_____？	
（2）A：这么多孩子你一个人行吗？ 　　B：_____。	

第 11 课　　205

（3）A：又来了一桌客人。

　　　B：今天客人真多啊，咱们才五个人_____？

（4）A：九百九十九，打七折是多少钱？

　　　B：啊？我数学不好，_____。

3. **能不……吗**

   用反问表强烈肯定。

   Uses a rhetorical question to express strong affirmation of something.

   例：（1）老师请我，我能不去吗？（一定要去）

   　　（2）这么好的礼物她能不喜欢吗？（肯定喜欢）

   　　（3）今天儿子结婚我能不高兴吗？（很高兴）

练一练：根据下列情景，完成对话。

（1）A：哎哟，我肚子疼。

　　　B：你刚才乱吃东西，_____？

（2）A：他怎么整天都在上网？

　　　B：他可是个网迷，有时间_____？

（3）A：你把车洗得真干净。

　　　B：那是，我洗了两个小时了，_____？

（4）A：那个孩子好像很害怕。

　　　B：是啊，他刚才看见蛇了，_____？

二、想一想，说一说

每年国庆节假期都有很多人喜欢出门旅游。请你想一想，人太多的话，旅游景点会发生什么样的事情？（比如卫生／住宿／门票……）。请用"a，不过 b""能不……吗""V+得／不+过来"说一说。

功能表达 4

学学怎么表示歉意（真/实在+过意不去，[原因]）；**说明极端情况下结果不变**（即使a，也b）

（平田去拜访客户）

平　田：这是我从日本带来的礼物，小小心意，希望您能喜欢。

客　户：谢谢。上次去日本，你们招待得很周到，让你们破费了，<u>真过意不去</u>。等一会儿一起吃饭吧。

平　田：听说您最近很忙，公司业务很多，吃饭以后再说吧。

客　户：咱们是老朋友了，一直合作得很愉快，<u>即使</u>再忙<u>也</u>要抽时间聚一聚。

21	拜访	bàifǎng	动	to pay a visit	拜访别人
22	客户	kèhù	名	client	新客户；拜访客户
23	心意	xīnyì	名	regard	表示心意；小小心意
24	招待	zhāodài	动	to entertain; to receive(guests)	招待客人；招待得周到
25	破费	pòfèi	动	to spend money	
26	过意不去	guòyì bú qù		to feel sorry	
27	业务	yèwù	名	vocational work	业务能力；业务多
28	愉快	yúkuài	形	joyful	心情/工作/假期愉快
29	即使	jíshǐ	连	even though	
30	抽	chōu	动	to try and find(time); to take	抽空儿；抽得/不出时间

一、语言表达聚焦

1. **真/实在+过意不去，[原因]**
   对给别人带来的麻烦或自己的不当做法，表示歉意。"原因"可在句子前，也可在句子后。
   Expresses one's apologies for troubling someone or behaving improperly. "原因" can be placed at either the beginning or end of the sentence.
   例：（1）<u>真过意不去</u>，这么晚还来打扰您。
   　　（2）上次就给你们添了不少麻烦，这次又是这样，<u>实在过意不去</u>。

第 11 课　　207

练一练：看图说话。

（1） （2） （3）

2. 即使 a，也 b

说明在极端 a 的情况下，结果 b 不变，可用来表示决定、承诺等。

Expresses that even under extreme circumstance "a", result "b" will not change. Can be used to describe a decision, promise, etc.

例：（1）即使下雨了，我也要去上班。

（2）即使你不来找我，我也会去找你。

（3）即使礼物再小，也能表达我们的心意。

练一练：看图，完成对话。

（1）

A：我不同意你嫁给他！
B：我爱他，_____。

（2）

A：您这个年纪身体还这么好。
B：我每天都晨练，_____。

（3）

A：干！我没醉，还能喝。
B：我也是，_____。

（4）

A：经理，明天我有事，不能陪您去拜访客户。
B：那不行，那个客户很重要，_____！

二、想一想，说一说

你有一幅非常漂亮的画儿，是父母送给你的。有人想买这张画儿，你怎么也不肯卖给他。请用"真/实在+过意不去，[原因]""即使a，也b"说一说。

第三部分　课文

　　来中国以后，马克发现中国人很讲究礼尚往来，逢年过节要送礼，做客、结婚、庆祝生日、拜访客户等也都要送礼。送礼的目的是希望接受礼物的人体会到自己的心意。所以，礼物得送得合适，如果送错了，就会闹笑话。

　　马克第一次送礼是今年国庆节。每年9月、10月是中国人的结婚高峰，他很想见识一下中国人的婚礼，正好思思的亲戚结婚，就跟思思说好一起参加婚礼。

　　马克和思思去文化街挑选礼物，那儿的礼品店太多了，都看不过来了。他们只好一家一家地逛。在一家礼品店，他们看到了一把挂在墙上的扇子，样子很漂亮，颜色很喜庆，就打算买下来。老板听说是送给新婚夫妻的，就劝他们说："扇子是天气热的时候才用的东西，一到秋天就不用了，发音又和'散'差不多，所以做新婚礼物意思不吉利。不过，如果对方不在意也没关系。"听了老板的解释，思思说："怪不得以前没看过别人送扇子，原来是意思不吉利。如果这样，即使新婚夫妻不在意也最好别买。"

　　马克和思思又逛了半天，思思突然想起结婚礼物不成双成对不行，他们就去了一家卖新婚娃娃的店。店里顾客很多，娃娃都穿着红色的传统服装，摆着各种姿势，好玩儿极了。他们挑了又挑，选了又选，老板一直很耐心地帮助他们，他们觉得真过意不去。最后，马克选了一个坐在糖果上面的娃娃，思思觉得除了小了一点儿，别的都不错。她担心对方不喜欢，但是马克说"这是我的一点儿心意，表示我的祝福，他们能不喜欢吗？"

31	礼尚往来	lǐshàng wǎnglái		deal with sb as he deals with you	
32	逢年过节	féngnián-guòjié		at every festival and at New Year	
33	庆祝	qìngzhù	动	to celebrate	庆祝生日/节日
34	高峰	gāofēng	名	peak	交通高峰
35	见识	jiànshi	动 名	to widen one's knowledge knowledge	见识一下 长见识
36	亲戚	qīnqi	名	relative	走亲戚
37	礼品店 礼品	lǐpǐn diàn lǐpǐn	名 名	gift shop gift; present	买礼品
38	喜庆	xǐqìng	形	happy; joyous	喜庆的颜色
39	吉利	jílì	形	lucky; auspicious	吉利话；不吉利
40	在意	zàiyì	动	to care about	不太在意
41	成双成对	chéng shuāng chéng duì		in pairs	
42	姿势	zīshì	名	pose	摆姿势
43	耐心	nàixīn	形	patient	耐心地回答/解释
44	糖果	tángguǒ	名	candy	
45	祝福	zhùfú	名	blessing	新婚/生日祝福

一、课文综合练习

1. 用"……等（+N）"回答问题。

   （1）中国人什么时候要送礼物？

   （2）马克和思思在文化街看了哪些礼品？

2. 用"一+量+一+量（+地）+VP"回答问题。

   （1）文化街怎么样？马克和思思怎么逛的？

   （2）马克和思思在第二家店里怎么挑选礼物？为什么？

3. 用"V+得／不+过来"回答问题。

　　（1）如果你有很多亲戚朋友，每年9月、10月可能会怎么样？为什么？

　　（2）文化街商品多吗？马克和思思有什么感受？

4. 用"a，不过b"回答问题。

　　（1）马克看上的扇子什么地方好？什么地方不好？

　　（2）送扇子不吉利，老板说什么情况下可以送？

　　（3）马克选了一个什么样的新婚娃娃？

5. 用"不 VP 不行"回答问题。

　　（1）马克参加婚礼为什么要买礼物？

　　（2）马克为什么没买扇子当新婚礼物？

　　（3）马克和思思后来为什么去了卖新婚娃娃的店？

6. 用"怪不得a（，原来b）"回答问题。

　　（1）听了老板的解释，思思说了什么？

　　（2）你觉得卖新婚娃娃的店为什么有很多客人？

7. 用"除了a（以外），b都VP"回答问题。

　　（1）在中国，什么时候结婚的人不那么多？

　　（2）扇子作新婚礼物怎么样？

　　（3）思思对选的新婚娃娃满意吗？

8. 用"即使a，也b"回答问题。

　　（1）送礼的时候，要注意什么？如果没注意，礼物很漂亮能送吗？

　　（2）如果对方不在意，思思会送扇子当礼物吗？

9. 根据课文，回答问题。

　　（1）来中国以后，马克有什么发现？

　　（2）送礼的目的是什么？

　　（3）马克为什么要参加思思亲戚的婚礼？

　　（4）第二家店的老板态度怎么样？马克和思思有什么感受？

　　（5）马克觉得对方会不会喜欢他送的礼物？他怎么说的？

二、课文拓展练习

1. 你听过"礼轻情意(affection)重"这句话吗？你觉得这句话是在告诉人们什么？
2. 你参加过婚礼吗？参加婚礼送什么礼物比较好？

3. 在中国，除了不能送扇子以外，还不能送梨、钟、伞、菊花等礼物。送礼时还要注意颜色、数量。在你们国家，送礼有什么讲究？请你告诉大家。

梨 — 离
钟 — 终
伞 — 散
菊花 —

第四部分　综合表达训练

1. 根据学过的内容，完成语段。

　　学期就要结束了，同学们要举行告别 (farewell) 晚会，想邀请＿＿＿＿＿＿＿＿＿＿（……等(+N)）参加。为了表示尊敬，同学们打算给老师们＿＿＿＿＿＿＿＿＿＿（一+量+一+量(+地)+VP）。

　　＿＿＿＿＿＿＿＿＿＿（a，不过b）。班长"百度"了一下请柬的写法，发现请柬的内容主要有称呼、邀请的原因、时间和地点，＿＿＿＿＿＿＿＿＿＿（除了……（以外）），别的都比较简单。

　　虽然简单，如果都让班长写，＿＿＿＿＿＿＿＿＿＿（V+得/不+过来）。他找了两位同学帮忙，按照"百度"上的格式开始写请柬。没想到，有位同学把老师的名字写错了，班长送给老师时才发现。他对老师说："＿＿＿＿＿＿＿＿＿＿（真/实在+过意不去，[原因]）。老师，晚会时您可一定要来啊！"老师说："你们马上就要回国了，以后很难见面了，我＿＿＿＿＿＿＿＿＿＿（即使a，也b）。你们汉语进步得真快，都会写请柬了。"班长说："是因为有您这么好的老师，我们才进步得这么快。您是我们最喜欢的老师，＿＿＿＿＿＿＿＿＿＿（不VP不行）"。

2. **课堂小调查：送礼的讲究。**
请你在班上做一个小调查，了解一下各个国家送礼的讲究，有哪些是不吉利的。然后向全班同学汇报你的调查结果。请尽量多用本课学过的词语和功能。

3. **试一试，写一写。**
请根据第一题的内容，给老师写一封请柬。请尽量多用本课学过的词语和功能。

第五部分　文化读本

中国人庆生的习俗

> 开始读之前，先认识下面的词语。

红包	长命锁	抓周	印章	长寿面	寿桃
(hóngbāo)	(chángmìngsuǒ)	(zhuāzhōu)	(yìnzhāng)	(chángshòumiàn)	(shòutáo)

中国人过生日是非常讲究的，尤其是老人和儿童的生日。

小孩子一周岁以前，有很多庆生的习俗，家长常常忙不过来。孩子刚生下来，父母要给亲朋好友送红鸡蛋。满一个月的时候要举行"满月礼"，给孩子剪头发，把剪下来的头发做成毛笔或者留作纪念，有的家长还会给孩子留下小脚印、手印，写几句祝福的话。孩子出生满一百天的时候，要给孩子过"百天"。一般要请亲朋好友喝喜酒，客人常常要给孩子红包或者送长命锁，祝孩子长命百岁。一周岁是孩子出生后的第一个生日，父母更是异常重视，通常会在这一天给宝宝安排抓周。在孩子面前摆上印章、书、笔、钱、玩具、食品等各种东西，每种东西表示不同的意思，抓到书和笔表示孩子将来会学习，抓到印章表示孩子将来会有权力等。即使不一定相信，父母也会高高兴兴地做这件事情。

孩子渐渐长大，在家过生日会慢慢变得简单。父母只是给孩子煮一碗长寿面或者买个蛋糕，买一些孩子需要的东西。孩子一般更愿意跟朋友一起庆生，吃吃饭、看看电影、唱唱歌什么的，可能是因为他们有了自己的生活圈子吧。

不过，最有意思的是，当孩子成家以后，也许是因为知道了自己的责任，他们变得不太重视自己的生日，而是特别重视子女和父母的生日了。给父母过生日一般讲究"过九不过十"，也就是说不过整数的生日，而是过五十九、六十九、七十九岁等生日，这些生日非常重要，不庆祝不行。子女一般要给父母准备宴会，吃寿桃，一个一个地来到父母面前，送上一些意义丰富的礼物，说一些吉利话，感谢他们一生为家庭付出的辛苦。

值得注意的是，以前中国人都过农历生日，不过，因为记农历生日太麻烦了，现在除了比较传统的人，大部分人都越来越喜欢过公历生日了。所以如果你的中国朋友一年过两次生日，你不要感到奇怪哟。

1	周岁	zhōusuì	名	year old
2	剪	jiǎn	动	to cut
3	印	yìn	名	to seal
4	喜酒	xǐjiǔ	名	wedding feast
5	异常	yìcháng	副	extremely; exceedingly
6	将来	jiānglái	名	future
7	权力	quánlì	名	power
8	圈子	quānzi	名	circle; community
9	成家	chéngjiā	动	to get married
10	责任	zérèn	名	responsibility
11	宴会	yànhuì	名	banquet
12	农历	nónglì	名	the traditional Chinese calendar
13	公历	gōnglì	名	the Gregorian calendar

话题讨论

1. 小孩子一周岁以前，家长为什么会忙不过来？
2. 孩子百天的时候，要送什么？表达什么祝福？
3. 抓周是怎么回事？各种物品表示什么意思？
4. 孩子一定要抓周，是因为父母相信抓周的作用吗？
5. 孩子长大以后，过生日会有什么变化？为什么？
6. 孩子成家以后，重视给谁过生日？为什么？
7. 给父母过生日讲究什么？
8. 为什么有的人一年会过两次生日？

第12课

贵就贵吧，舒服就行

基本功能项及内容

	功能项	本课表达	基本结构	举例
1	说明 Explanation	经过很大努力得到某结果 Explaining that a result requires a great deal of effort to obtain	好不容易 （+才）+VP	我好不容易才找到合适的。
		任何一次 a 都会发生 b Describing that each time "a" occurs, "b" follows	每 a，就/都 b	每到假期，他都要出去走走。
		在极端情况下结果跟一般相同 Describing that even under extreme conditions a result will remain the same	哪怕 a，也 b	哪怕是最冷的一月，平均气温也有零上十六度。
		做 a 事利于达到 b 目的 Describing how "a" makes it easier to achieve "b"	a，以便 b	我想住民居，以便更多地体验当地的生活。
2	接受 Acceptance	勉强接受 Reluctantly accepting something	a 就 a 吧，……	贵就贵吧，舒服就行。
3	转述 Relating information	转述传闻 Relating a rumor, story, news, etc. one has heard to another person	据说……	据说西双版纳挺不错的。
4	选择 Making choices	在两项中选择 Making a selection from one of two choices	要么 VP_1，要么 VP_2	要么去北方滑雪，要么去南方看海。
5	描述 Description	用有相似性的 b 来描述 a Describing something by comparing it to something of similar quality	a 像 b 一样 （+AP/VP）	旅游像打仗一样。

	功能项	本课表达	基本结构	举例
6	赞美/不满 Expressing praise/ dissatisfaction	完全或差不多如此 Describing something as completely or almost completely a certain way	简直……	这家旅馆简直太棒了。
7	无奈 Without choice	某事客观上不能不做 Describing (objectively) that one has no choice but to do something	不得不 + VP	钱花光了，他不得不去打工。
8	庆幸 Feeling glad	因 a 避免了不好的结果 b Describing that because of "a", bad result "b" has been prevented	幸亏 a（，才/不然 b）	幸亏听了你的话，我在路上还一直担心呢。
9	比较 Comparison	a 某方面不如 b Describing that one aspect of "a" is not as good as "b"	a 比不上 b (+ Adj)	其他旅行方式比不上徒步旅行。

第一部分　课前热身

1. **看一看，查一查。**
   你经常去旅游吗？喜欢用哪种方式出游？请读一读前面图上的句子，查一查不认识的词。

2. **认一认，写一写。**

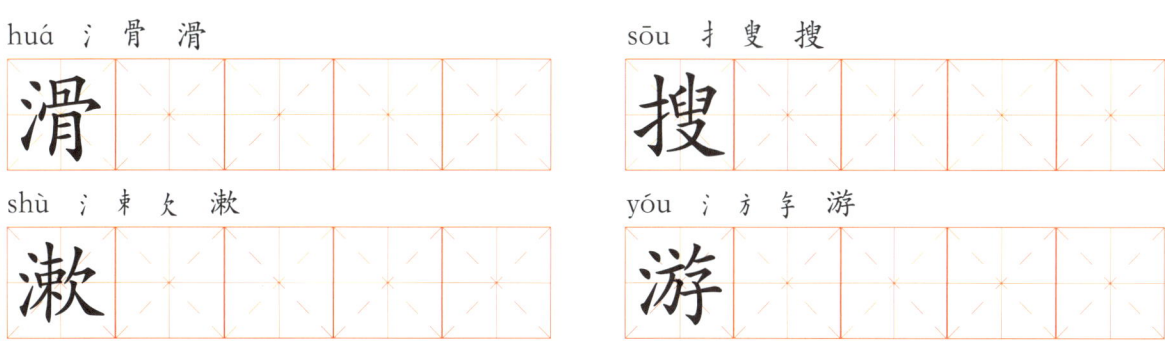

第12课

pèi 亻佩佩

zǎn 扌赞攒

3. 学一学，填一填。

推荐　体验　便利　经验　佩服　成熟　到处

（1）你有在中国生活的＿＿＿＿吗？

（2）你别在那儿买房子，生活不太＿＿＿＿。

（3）马克能做到别人做不到的事情，我很＿＿＿＿他。

（4）小王做这份工作二十年了，＿＿＿＿真的很丰富。

（5）周末的时候，街上＿＿＿＿都是人。

（6）我想去中国工作，你帮我＿＿＿＿家公司吧。

（7）他都当爸爸了，还跟孩子一样，一点儿也不＿＿＿＿。

第二部分　功能表达范例与训练

功能表达 1

学学怎么在两项中选择（要么VP₁，要么VP₂）；**转述传闻**（据说，……）；**说明极端情况下结果跟一般相同**（哪怕a，也b）

马　克：寒假我打算出去旅行，但不知道去哪儿好。您帮我推荐个地方吧。

导　游：冬天出游**要么**去北方滑雪、看冰灯，**要么**去南方看海、体验少数民族风情。你去西双版纳看看美丽的傣族姑娘吧。

马　克：**据说**西双版纳挺不错的，那儿的气候怎么样？

导　游：四季如春，**哪怕**是最冷的一月，平均气温**也**有零上十六度，冬天去那儿挺舒服的。

[西双版纳（Xīshuāngbǎnnà, a tourist attraction in Yunnan）；傣族（Dǎizú, Dai nationality, living in Yunnan）]

| 1 | 寒假 | hánjià | 名 | winter vacation | 放寒假；过寒/暑假 |
| 2 | 推荐 | tuījiàn | 动 | to recommend | 向……推荐；推荐信 |

3	导游	dǎoyóu	名	guide	
4	滑雪	huáxuě	动	to ski	
5	体验	tǐyàn	动 名	to experience	体验一下 文化体验
6	少数民族	shǎoshù mínzú	名	national minority	
7	风情	fēngqíng	名	customs and practices	
8	据说	jùshuō	动	it is said	
9	气候	qìhòu	名	climate	气候好/坏
10	四季如春	sìjì rú chūn		(weather is) like spring all the year round	
11	平均	píngjūn	动	to average	

一、语言表达聚焦

1. 要么 VP₁，要么 VP₂

    在两项中选择。经常用在口语中.

    Describes a choice made from one of two possibilities. Often used in spoken Chinese.

    要么 VP₁ —— 要么 VP₂
    （选择一）　　（选择二）

    例：（1）大学毕业后要么找工作，要么读研究生。

    （2）这次比赛，要么你去，要么我去。

练一练：根据下列情景，完成对话。

（1）A：你经常怎么跟朋友联系？

　　B：_____。

（2）A：这几套房子我都不想租，_____。

　　B：那算了，我再带你看看别的吧。

（3）A：你周末经常做什么？

　　B：除了睡觉以外，_____。

（4）A：我们演什么节目好呢？

B：_____，非演一个节目不可。

2. 据说，……

转述传闻，常用在句首。

Used when relating something one has heard, such as a rumor, story, news, etc., to another person. Usually placed at the beginning of a sentence.

例：（1）据说，那款手机下个月要上市了。

（2）据说，每年出生的男孩儿比女孩儿多多了。

练一练：看图，完成对话。

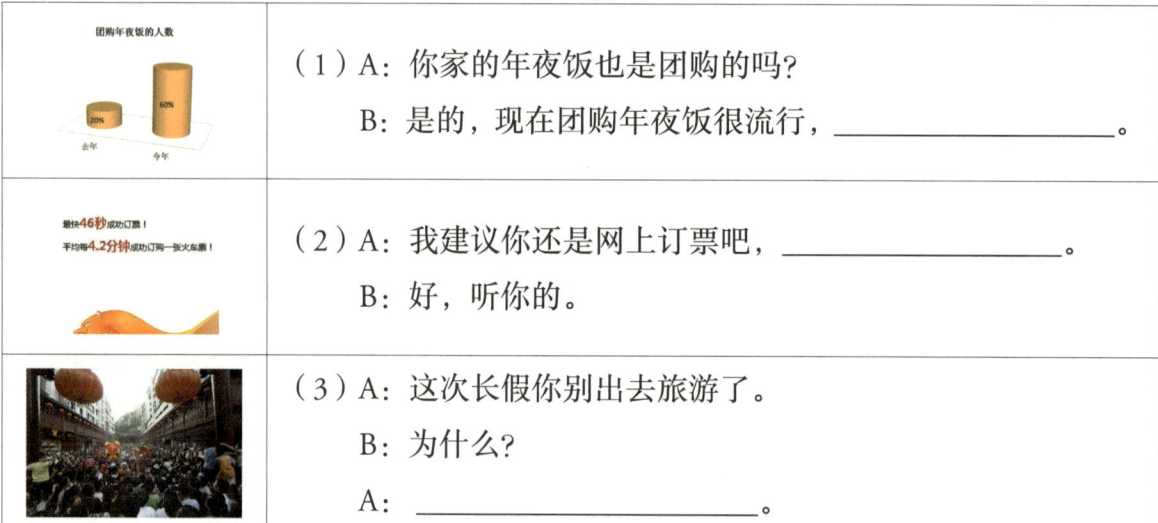

（1）A：你家的年夜饭也是团购的吗？
B：是的，现在团购年夜饭很流行，_____。

（2）A：我建议你还是网上订票吧，_____。
B：好，听你的。

（3）A：这次长假你别出去旅游了。
B：为什么？
A：_____。

3. 哪怕 a，也 b

说明在极端情况下结果跟一般相同。

Describes that even under extreme conditions a result will remain the same as usual.

例：（1）哪怕是死，我也要去试试。

（2）哪怕你再有钱，我也不嫁给你。

练一练：根据下列情景，回答问题。

（1）在西双版纳，冬天用不用穿羽绒服 (yǔróngfú)？

（2）两个真正相爱的人遇到很多困难，他们会不会分手？

（3）春节的时候，如果离家特别远，中国人是不是就不回家了？

（4）你去办了三回签证也没办下来，可是你一定要来中国，你会怎么说？

二、讲故事

两人一组，合写一个故事，题目是"一个工作狂(gōngzuòkuáng, workaholic)"，然后讲给全班听。请用上"据说，……""要么VP₁，要么VP₂""哪怕a，也b"。

功能表达 2

学学怎么说明动作行为有规律地反复出现（每a，就/都b）；描述事物的相似性（a像b一样（+AP/VP））；说明经过努力得到某结果（好不容易（+才）+VP）

平　田：这次旅行，你打算跟团还是自助呢？

马　克：哈哈，都不是。跟团时间太紧，每到一个景点都像赶火车一样；自助太麻烦，什么事都得自己考虑好。所以我打算跟自驾游的网友拼车。

平　田：不过拼车的话，路线你说了不算吧？

马　克：所以得在网上慢慢搜啊，每找到一条信息就要跟对方聊聊，看大家是不是合得来。我找了半个月，好不容易才找到合适的。

12	跟团	gēn tuán		group travel	
13	自助	zìzhù	动	self-help	自助游/餐
14	景点	jǐngdiǎn	名	scenery spot	旅游景点
15	像	xiàng	动	to be like	
16	自驾游	zìjiàyóu	名	self-driving travel	
17	算	suàn	动	to be valid; to count	说话算数
18	搜	sōu	动	to collect; to search	搜信息；搜到
19	合得来	hé de lái		to get along well with	跟sb合得来

第 12 课

一、语言表达聚焦

1. **每 a，就 / 都 b**

   说明在任何一次 a 的情况下，动作行为 b 都会有规律地反复出现。

   Describes that whenever condition "a" occurs, action "b" will once again occur.

   例：（1）每到年底，我们就会举办新年晚会。

   （2）她很喜欢逛街，每去一个城市都要去商场转转。

   练一练：根据下列情景，完成句子。

   （1）莉莉喜欢过生日，_____。

   （2）小红很爱逛街，_____。

   （3）那个人不好相处，_____。

   （4）看电影是了解中国文化的好办法，_____。

2. **a 像 b 一样（+AP/VP）**

   用有相似性的 b 来描述 a。a 和 b 属于不同的类，在"一样"后面可以说出两者相似的地方。

   Describes item "a" by comparing it to something with similar qualities, "b". Since "a" and "b" belong to separate categories, the comparison between the two can be explained after "一样".

   例：（1）莉莉长得很漂亮，像花儿一样。

   （2）他的笑容像太阳一样温暖。

   （3）这些毕业的学生像小鸟一样快乐地飞向明天。

   练一练：看图，完成对话。

	（1）A：我唱歌不太好听。 B：怎么会？我觉得_____。
	（2）A：他们跑得真快啊！ B：是啊，_____。

	（3）A：你什么时候来的？我都没听到声音。 B：我走路_____。
乌龟（wūguī）	（4）A：他做事速度太慢了。 B：确实，_____。

3. **好不容易（＋才）+VP**

   说明经过很大努力，得到某结果。

   Describes a result that will require a great deal of effort to obtain.

   例：（1）转了半个多小时，我好不容易才找到他家。

   （2）我和她谈了六年恋爱，今年她好不容易才答应结婚了。

练一练：根据下列情景，完成对话。

(1) A：你的头发太长了，该剪了。

　　B：那怎么行啊，_____。

(2) A：现在哪个队进球了？

　　B：蓝队，踢了一个小时_____。

(3) A：他换工作了吗？

　　B：换了，_____。

(4) A：房子装修好了吧？

　　B：嗯，_____。

二、想一想，说一说

你觉得这样当父母辛苦不辛苦？为什么？请用"a像b一样（+AP/VP）""每a，就/都b""好不容易（+才）+VP"说一说你的想法。

功能表达3

学学怎么说明利于达到某目的（a，以便b）；**无奈**（不得不+VP）；**勉强接受**（a就a吧，……）；**比较**（a比不上b（+Adj））

第12课

（马克要跟小林在网上商量订宾馆的事情）

小　林：马克，这个季节是西双版纳的旅游旺季，我们最好提前订好酒店。

马　克：行。网上的攻略说有个叫"十一家房客"的民居不错，建筑有一百年历史了，交通便利。我想住民居，以便更多地体验当地的生活。你看呢？

小　林：（搜了一下）这家民居条件没有叫早、洗衣等服务，还有人说不得不自己准备洗漱用具，比不上快捷酒店方便，你觉得行吗？

马　克：不方便就不方便吧，能体验当地的生活就行。

20	旺季	wàngjì	名	boom season	旅游旺季/淡季
21	攻略	gōnglüè	名	strategy	旅游/购物攻略
22	民居	mínjū	名	folk house	
23	便利	biànlì	形	convenient	交通/生活便利
24	以便	yǐbiàn	连	so that	
25	当地	dāngdì	名	local	当地人/文化
26	叫早	jiàozǎo	动	morning call	
27	洗漱	xǐshù	动	to wash up	
28	用具	yòngjù	名	appliance	学习/厨房用具
29	快捷酒店	kuàijié jiǔdiàn		express inn	

一、语言表达聚焦

1. **a，以便 b**

   说明做 a 事利于达到 b 目的。

   Describes how "a" makes it easier to achieve "b".

   例：（1）请您说慢点儿，以便他能听懂您的意思。

   （2）麻烦您留个电话号码，以便有事能通知到您。

练一练：根据下列情景，完成句子。

（1）你最好把字写大一点儿，＿＿＿＿＿＿＿＿＿＿＿＿＿＿＿。

（2）请你写清楚你的地址，_____。

（3）据说要在这儿再建一家超市，_____。

（4）你买台跑步机吧，_____。

2. **不得不 +VP**

   表示无奈，某事客观上不能不做。

   Expresses from an objective standpoint, that one has no choice but to do something.

   例：（1）妻子工作太忙，他不得不请假照顾生病的孩子。

   （2）平田最近没钱了，没有办法，他不得不给爸爸打电话求助。

练一练：根据下列情景，完成语段。

我是一个不爱逛街的人，可是我妻子喜欢。每到周末，_____。有一次，我陪她买衣服，她试了好几件，我都说不好。后来，她又试了一件，问我怎么样，我看她有点儿生气了，_____。结账的时候，我想刷卡，可刷卡机坏了，_____。买完衣服，我们想打车回家，可钱又不够了，_____。

3. **a 就 a 吧，……**

   表示勉强接受，后半句通常说明接受的理由或补充信息。

   Expresses reluctant acceptance of something. The second half of the sentence often describes the reason for acceptance or provides additional information.

   例：（1）这件衣服贵就贵吧，你喜欢就行。（接受的理由）

   （2）来就来吧，不过不要迟到。（对接受进行补充说明）

   （3）一本就一本吧，现在能买到这本书就很不容易了。（接受的理由）

练一练：看图，完成对话。

（1）A：妈妈，我想上网玩会儿游戏。

   B：_____。

	（2）A：这双鞋子有点儿贵。 　　B：_____。	
	（3）A：我只订到一个小包间（separate room）。 　　B：_____。	
	（4）A：对不起，我这儿没什么好吃的，只有方便面。 　　B：_____。	

4. **a 比不上 b（+Adj）**

   表示比较，a 在某个方面达不到 b 的水平，Adj 常常不出现。

   Used to draw comparison between two things. A certain quality of "a" does not reach the level of "b". The adjective is often omitted.

   例：（1）弟弟唱歌比不上哥哥。

   　　（2）他对你好，是因为我比不上你好看。

练一练：用所给的词语组句。

（1）在外地　　　　在父母身边　　　　工作

（2）赵可　　　　　王红　　　　　　　挣钱

（3）开车　　　　　骑自行车　　　　　环境

（4）安全　　　　　什么事情　　　　　重要

二、想一想，说一说

你去外地拜访客户，找到一家离客户公司很近的宾馆。宾馆虽然贵了一点儿，你觉得能好好休息最重要。请用"a，以便 b""a 就 a 吧，……""a 比不上 b（+Adj）""不得不 +VP"说一说。

功能表达 4

学学怎么用"简直"表示赞美或不满（简直……）；表示庆幸（幸亏 a（，才 / 不然 b））

（小林和马克到了西双版纳，住进了民居）

马　克：小林，这家民居简直太棒了，住在这里，就跟回到了一百年前一样。

226　　　　Lesson 12

小　林：是啊，幸亏听了你的话，我在路上还一直担心呢。一般民居看起来没有网上漂亮，我直到现在才放心。

马　克：你应该相信我，我旅游经验可丰富了。

小　林：看出来了，你简直就是个"中国通"，我太佩服你了！

30	简直	jiǎnzhí	副	simply	
31	幸亏	xìngkuī	副	fortunately	
32	直到 直	zhídào zhí	动 副	until; up to until	
33	经验	jīngyàn	名	experience	学习/生活/工作经验；经验丰富；有经验
34	佩服	pèifú	动	to admire	让人佩服；佩服 sb

一、语言表达聚焦

1. 简直……

   强调完全或差不多如此，可以用来表示赞美或不满，有夸张语气。

   Describes something as completely or almost completely a certain way. Can be used to either praise or criticize something, and carries a tone of exaggeration.

   例：（1）这个屋子太热了，简直没法儿待了。

   　　（2）那么好的工作他都不要，简直太傻了！

练一练：根据下列情景，完成对话。

（1）A：你怎么吃那么多？

　　　B：我一天没吃东西了，_____。

（2）A：你听不懂吗？

　　　B：他说话太快了，_____。

（3）A：为什么中国政府要实行人口政策？

　　　B：_____。

（4）A：这个孩子才八岁，太懂事了。

　　　B：是啊，_____。

第 12 课　　227

2. 幸亏 a（，才 / 不然 b）

因为有利条件 a，避免了不好的结果 b 而感到庆幸。

Expresses one's gladness that due to the benefit of condition "a", unfortunate result "b" has been prevented.

（有利条件）　　　（不好的结果）

例：（1）幸亏我们走了这条路才没堵车。

（2）幸亏你打电话告诉我，不然我又忘记了。

（3）这么多东西我一个人搬不动，幸亏你们来了。

练一练：看图，回答问题。

	（1）你的车丢了，警察帮你找回来了，你对警察说什么？
	（2）下大雨时，你打着雨伞，看见别人都淋湿了，你心里怎么想？
	（3）现在找工作很难，你因为打工经验丰富很快找到了工作。你会怎么想？
	（4）同学发生交通事故以后，伤得很厉害，大家马上把他送到医院，医生可能会说什么？

二、想一想，说一说

你第一次去上海，发现上海是一个让人难忘的城市。你给中国朋友打电话，告诉他你的感受。请用"简直……""幸亏 a（，才 / 不然 b）"说一说。（你可能用到的词语有：风景、食物、人、购物等。）

第三部分　课文

旅行是一种休息，对马克来说，还是一种很好的学习方式。每到假期，他都要到处走走看看。时间长了，马克的见识多了，世界就像一本书一样在他眼前渐渐打开了。

马克最难忘的是高中毕业旅行。那时，一个背包、一部相机、两千美金，就是爸爸给他的所有的东西，爸爸让他在一年时间里一个人徒步走遍美洲。一开始，马克觉得钱肯定够用，找不到便宜酒店的时候，他就住高档的，心想"贵就贵吧，舒服就行"。后来，钱花光了，他不得不去打工，攒够了钱再继续旅行。他每到一个地方，就喜欢把自己看到的拍下来，把自己听到的、想到的写下来，有时看到美丽的风景还会住下来，待一段时间。就这样，马克用一年时间，好不容易才走遍美洲。完成这次旅行以后，马克觉得自己成熟了很多，想去更多的地方看看。

来中国留学之后，马克听说中国也有爱好徒步旅行的人，据说人们把他们叫作"驴友"。出发以前，他们不做太多的计划，也不考虑"去哪里""坐什么车""玩什么"这样的问题，就像风一样，吹到哪儿就是哪儿，看别人看不到的风景。马克觉得这种旅行方式简直太有趣了，哪怕碰到意外情况，比如买不到票，住不上酒店，或者不得不改变路线，这些也都是一种人生体

[美洲 (Měizhōu, America)]

35	到处	dàochù	副	at all places	到处走/看
36	渐渐	jiànjiàn	副	gradually	
37	徒步	túbù	副	to go on foot; to hike	徒步旅行
38	遍	biàn	动	allover; (to extend)everywhere	走/看/问遍
39	高档	gāodàng	区	top grade	高档酒店/商品
40	攒	zǎn	动	to collect together; to save up money	攒钱
41	继续	jìxù	动	to continue	继续做/学习/努力
42	成熟	chéngshú	形	mature	想法成熟；变得成熟
43	驴友	lǘyǒu	名	tour pal	

第12课

验。所以，他也跟几个中国驴友一起旅行了一次。在旅行当中，他们要么自己做饭，要么品尝当地美食。如果碰到合得来的驴友，大家就一起上路，以便互相照顾。有一次，一位驴友不小心把脚弄伤了，大家都没有带药，幸亏马克懂得急救知识，上山采了些草药用上，第二天那位驴友就好了。

　　出游的次数多了，马克渐渐觉得其他旅行方式都比不上徒步旅行，徒步旅行不但可以看到别人看不到的风景，而且可以更好地体验当地文化。

44	品尝	pǐncháng	动	to taste	品尝美食
45	急救	jíjiù	动	emergency treatment	
46	采	cǎi	动	to pick	采摘；采花/药
47	草药	cǎoyào	名	herb	

一、课文综合练习

1. 用"每 a，就 / 都 b"回答问题。

    （1）在安排旅行上，马克通常怎么做？

    （2）高中毕业旅行时，马克习惯做什么？

2. 用"要么 VP₁，要么 VP₂"回答问题。

    （1）毕业旅行时，马克住什么样的酒店？

    （2）在旅行当中，马克和驴友怎么解决吃饭问题？

3. 用"不得不 +VP"回答问题。

    （1）马克必须在多长时间里走遍美洲？

    （2）毕业旅行时，马克把钱花光以后做了什么？

    （3）徒步旅行碰到意外情况时怎么办？

4. 用"a 像 b 一样（+AP/VP）"回答问题。

    （1）旅行让马克有了什么样的感受？

    （2）驴友出门旅行有什么特点？

5. 用"简直……"回答问题。

    （1）马克见识多了以后，怎么看这个世界？

    （2）马克觉得徒步旅行怎么样？

6. 用"哪怕 a，也 b"回答问题。

    （1）毕业旅行时，马克没钱了会结束旅行吗？

(2）没有车时，驴友还继续旅行吗？

(3）马克觉得徒步旅行很有趣，是因为不会碰到意外情况吗？

7. 用"a，以便 b"回答问题。

(1）你认为爸爸让马克毕业旅行的目的是什么？

(2）驴友跟合得来的人一起上路的目的是什么？

8. 用"a 就 a 吧，……"回答问题。

(1）马克住高档酒店时，他怎么想的？

(2）徒步旅行找不到饭店时，驴友们会怎么想？

9. 用"幸亏（a，才／不然 b）"回答问题。

(1）毕业旅行结束后，马克有了什么变化？如果你是他爸爸，你可以说什么？

(2）驴友受伤了，大家没带药，马克怎么处理的？

10. 用"a 比不上 b（+Adj）"回答问题。

(1）驴友受伤了，为什么别人不能处理？

(2）出门旅行的次数多了，马克有了什么新看法？为什么？

11. 根据课文，回答问题。

(1）马克怎么看待旅行这件事？

(2）马克的毕业旅行顺利不顺利？你怎么知道的？

(3）哪些人可以叫作"驴友"？

二、课文拓展练习

1. 你常常旅行吗？你觉得旅行有什么好处？

2. 你听说过文化游吗？你觉得文化游是什么样的？

3. 你徒步旅行过吗？谈谈你对这种旅行方式的看法。

第四部分　综合表达训练

1. 根据学过的内容，完成语段。

放暑假了，同学们说好去四川玩玩，但_____（据说……；大雨），我们_____（不得不+VP；云南）。决定了以后，大家都很高兴，_____（a

像b一样（+AP/VP））跑到旅行社报名。

出发前，导游让我们互相留个电话号码，_____（以便……）。我们旅行团共有十五个人，除了我们十个同学以外，还有一家人——一对年轻夫妻带着两位老人和一个十多岁的小孩儿。_____（a比不上b（+Adj）），走路也不方便。一路上，年轻夫妻一直照顾着老爷爷，老爷爷走不动的时候就背着他，_____（哪怕a，也b）。为了不让他们一家太辛苦，_____（每a，就/都b），我们就要休息一下。看着这一家，我想，这两个年轻夫妻_____（简直……）。

后来，导游把我们带到了大理影视城，门票要一百元，我们都觉得比较贵，但想想导游也不容易，而且出来玩最重要的是开心，_____（a就a吧，……）。影视城很大，人也很多，玩着玩着，小孩儿不见了，_____（幸亏（a，才/不然b）），导游马上就给他打电话，打了好几次，_____（好不容易+才+VP），让他_____（要么VP₁，要么VP₂）。后来，大家不放心，还是过去找他了。

这次旅行，让我觉得带着老人和孩子旅行_____（简直……），我真佩服那对年轻夫妻。

2. 小组活动。

你有一个星期假，想要去旅游。三家旅行社有三种不同的路线。请轮流分角色完成任务。请尽量多用本课学过的词语和功能进行表达。

角色	人数	任务	路线/要求
导游	一位	介绍旅行社的特色路线，说服客户	蒙古卧铺往返，两晚五日跟团游，1600元起。 二星宾馆，双人标准间，无网
	一位		泰国飞机往返，四晚六日自助游，代办签证，4000元起。 三星酒店，双人标准间/大床间，宽带，送早餐
	一位		西安单程飞机，三晚五日跟团游，2000元起。 三星酒店，双人标准间，宽带，送早餐
游客	两位	询问情况，选择路线	喜欢风景游
	两位		喜欢文化游
	两位		跟团，只要不安排购物就行

3. 试一试，写一写。

请你上网搜旅游攻略，向同学们介绍一个你喜欢的旅游景点，包括出游方式、路线安排、交通、宾馆、饮食、门票等。请尽量多用本课学过的词语和功能。

第五部分　文化读本

跑得多比不上看得深

◉ 开始读之前，先认识下面的词语。

刺绣（cìxiù）

泥人张

  一位外国游客到中国旅游，正赶上暑假，他看到北京故宫里人山人海，人多得简直像蚂蚁一样，密密麻麻的，很惊讶地说："在我们国家，旅游就是一件很随意的事，一次假期，一个想法，背上背包就可以去了，很难看到这么多人挤在一起去旅游。"

  是的，外国游客很少一起出游，更喜欢一个人拿着免费地图和《旅游手册》自助游，把自己感兴趣的地方都记下来认真研究。而中国人习惯和熟人一起出游，或者是跟团游。选定线路后，按照安排，每到一个景点都边听介绍边拍照，然后再赶往下一个景点，一天不得不跑很多地方，把自己弄得很累。

  不少中国人去国外旅游，大部分都会坚持吃中餐，饭后就住进酒店休息。而很多外国人来中国旅游，却常常会品尝当地美食，看当地的演出，哪怕吃不惯、看不懂也这样做。其实，去一个地方旅游，应该白天看看风景，晚上体会当地风情，以便真正做到入乡随俗。

  同样是购物，中国游客习惯买名牌商品，外国游客只会买一些自己觉得好奇、有当地文化特色的东西，比如中国画、刺绣、泥人张等。据说他们把这些东西买回家以后，要么挂在客厅墙上，要么摆在钢琴旁边。如果有客人问起，主人就会大谈中国旅行的见闻和中国"学问"。其实，去海外旅游为亲朋好友购物，除了买名牌包、手表、化妆品和皮鞋以外，还有很多当地艺术品值得买，而这些纪念品能把当地的文化和旅行的感受带回家。

说到底，中外游客有不同的旅游习惯是因为文化不同，是因为他们在不同的旅游发展阶段。我们欣赏中外游客之间的不同，但也希望中国游客能慢慢懂得"跑得多比不上看得深"，在旅游中能有更深的感受，这样旅游才能给你的生活带来另一种美好。

（改编自2013年11月28日《人民日报（海外版）》）

1	人山人海	rénshān-rénhǎi		huge crowds of people
2	蚂蚁	mǎyǐ	名	ant
3	密密麻麻	mìmìmámá	形	thickly dotted
4	惊讶	jīngyà	形	astonished
5	随意	suíyì	形	at will
6	挤	jǐ	动	to crowd
7	手册	shǒucè	名	handbook
8	坚持	jiānchí	动	to stick to
9	入乡随俗	rùxiāng-suísú		When in Rome, do as the Romans.
10	好奇	hàoqí	形	curious
11	见闻	jiànwén	名	information; what one sees and hears
12	化妆品	huàzhuāngpǐn	名	cosmetics
13	阶段	jiēduàn	名	phase
14	欣赏	xīnshǎng	动	to appreciate
15	美好	měihǎo	形	wonderful

话题讨论

1. 外国游客对什么感到很惊讶？

2. 外国游客喜欢怎么出游？中国游客呢？
3. "入乡随俗"是什么意思？作者建议中国游客做什么？
4. 中外游客在购物习惯上有哪些不同？
5. 外国游客为什么喜欢买自己觉得好奇、有当地文化特色的东西？
6. 作者建议中国游客在旅行中怎么购物？
7. 为什么中外游客有不同的旅游习惯？
8. "跑得多"指什么？"看得深"呢？作者想告诉中国游客什么？

词语总表

A	爱好	àihào	动/名	7-1
	安全	ānquán	形/名	3-4
	岸	àn	名	9-1
	按照	ànzhào	介	9-课文
B	~吧	ba		8-课文
	~版	bǎn		8-课文
	拜访	bàifǎng	动	11-4
	拜托	bàituō	动	4-4
	宝贝	bǎobèi	名	7-3
	保护	bǎohù	动	10-课文
	保密	bǎomì	动	10-3
	报到	bàodào	动	1-1
	抱歉	bàoqiàn	形	8-3
	爆米花	bàomǐhuā	名	2-3(练)
	比如	bǐrú	动	4-4
	便利	biànlì	形	12-3
	遍	biàn	动	12-课文
	标准	biāozhǔn	形/名	2-2
	冰激凌	bīngjīlíng	名	6-3
	不但	búdàn	连	3-4
	不过	búguò	连	11-3
	不见得	bújiàndé	副	6-3
	不管	bùguǎn	连	7-4
	不然	bùrán	连	9-4
	不如	bùrú	动	5-2
	布置	bùzhì	动/名	3-1
C	材料	cáiliào	名	8-2
	采	cǎi	动	12-课文
	参观	cānguān	动	3-1
	参加	cānjiā	动	1-1
	餐厅	cāntīng	名	3-1
	草药	cǎoyào	名	12-课文
	插	chā	动	3-1
	查	chá	动	8-4
	长命百岁	cháng mìng bǎi suì		7-4
	~场	chǎng		3-4
	场地	chǎngdì	名	7-课文
	超过	chāoguò	动	5-4
	超市	chāoshì	名	3-3
	超重	chāozhòng	动	2-3(练)
	朝	cháo	动	3-1
	朝向	cháoxiàng	名	9-2
	吵	chǎo	形	4-4
	炒	chǎo	动	6-2(练)
	晨练	chénliàn	动	7-课文
	衬衫	chènshān	名	2-3
	撑	chēng	动	6-1
	盛	chéng	动	6-4
	成熟	chéngshú	形	12-课文
	成双成对	chéngshuāng chéngduì		11-课文
	成为	chéngwéi	动	1-课文
	尺码	chǐmǎ	名	5-课文
	重新	chóngxīn	副	8-课文
	宠物	chǒngwù	名	9-2
	抽	chōu	动	11-4
	出差	chūchāi	动	9-4
	出行	chūxíng	动	10-课文
	出头儿	chūtóur	动	2-2
	除了	chúle	介	10-2
	处理	chǔlǐ	动	8-1
	传	chuán	动	4-课文
	从来	cónglái	副	7-2
	从小	cóngxiǎo	副	7-3
D	搭配	dāpèi	动	6-课文
	答应	dāying	动	9-课文
	达到	dádào	动	7-课文
	打包	dǎbāo	动	6-1(练)
	打的	dǎdī	动	4-4
	打工	dǎgōng	动	11-3
	打扰	dǎrǎo	动	9-综(练)
	打印	dǎyìn	动	8-2
	打折	dǎzhé	动	5-2
	大饱口福	dà bǎo kǒufú		4-课文
	大方	dàfang	形	2-课文
	大约	dàyuē	副	10-课文
	待	dāi	动	4-课文

	带	dài	动	9-1		肥	féi	形	5-课文
	戴	dài	动	2-2		费	fèi	动	7-4
	单位	dānwèi	名	11-2		~费	fèi		1-1
	单子	dānzi	名	8-4		费用	fèiyòng	名	10-课文
	但(是)	dàn(shì)	连	1-3		分	fēn	量	6-课文
	淡	dàn	形	4-1(练)		分~	fēn		1-1
	当地	dāngdì	名	12-3		分班	fēn bān	动	1-1
	当然	dāngrán	副	2-3		分摊	fēntān	动	10-课文
	导游	dǎoyóu	名	12-1		分享	fēnxiǎng	动	2-综(练)
	倒霉	dǎoméi	形	8-课文		丰富	fēngfù	形	10-2
	到处	dàochù	副	12-4		风情	fēngqíng	名	12-1
	道	dào	量	4-课文		风俗	fēngsú	名	1-3
	道理	dàolǐ	名	6-课文		封	fēng	量	4-2
	得	děi	动	1-2		封面	fēngmiàn	名	8-2
	登录	dēnglù	动	10-1		逢年过节	féngnián-guòjié		11-课文
	典礼	diǎnlǐ	名	1-4		辅导	fǔdǎo	动	1-课文
	电视剧	diànshìjù	名	4-2(练)		付	fù	动	5-2
	电梯	diàntī	名	8-综(练)		复印	fùyìn	动	8-2
	电子版	diànzǐbǎn	名	8-课文		副	fù	量	2-2
	钓	diào	动	4-2(练)		副	fù	区	11-1
	订	dìng	动	6-1					
	董事	dǒngshì	名	11-1	G	改	gǎi	动	7-课文
	逗	dòu	形	10-4		改变	gǎibiàn	动	7-课文
	独生子女	dúshēng-zǐnǚ		7-3		盖	gài	动	9-课文
	堵车	dǔchē	动	10-课文		赶	gǎn	动	11-3
	短信	duǎnxìn	名	4-3		赶快	gǎnkuài	副	1-1
	锻炼	duànliàn	动	7-2		感动	gǎndòng	动	4-3
	对方	duìfāng	名	8-4		钢琴	gāngqín	名	7-1
	对象	duìxiàng	名	9-课文		高档	gāodàng	区	12-课文
						高峰	gāofēng	名	11-课文
E	而且	érqiě	连	3-4		高跟鞋	gāogēnxié	名	5-2(练)
						高手	gāoshǒu	名	10-2
F	发	fā	动	4-3		告别	gàobié	动	11-综(练)
	发现	fāxiàn	动	6-3		胳膊	gēbo	名	8-课文
	发展	fāzhǎn	动	6-3		个子	gèzi	名	2-1
	翻译	fānyì	名/动	2-2		跟团	gēn tuán		12-2
	烦	fán	动/形	9-4		工具	gōngjù	名	7-3(练)
	反	fǎn	形	8-4		工钱	gōngqián	名	9-4(练)
	方法	fāngfǎ	名	4-课文		工作狂	gōngzuòkuáng	名	12-1(练)
	方式	fāngshì	名	7-2		公寓	gōngyù	名	3-3
	房客	fángkè	名	9-2		攻略	gōnglüè	名	12-3

237

	够	gòu	副	3-2		记得	jìde	动	3-2
	挂	guà	动	3-1		技术	jìshù	名	8-课文
	怪不得	guàibùde	副	11-2		忌口	jìkǒu	动	6-2
	关系	guānxi	名	7-4		继续	jìxù	动	12-课文
	光棍儿	guānggùnr	名	9-课文		加	jiā	动	4-课文
	广场舞	guǎngchǎngwǔ	名	7-课文		家电	jiādiàn	名	9-1
	广告	guǎnggào	名	2-课文		家具	jiājù	名	9-2
	国产	guóchǎn	形	5-2		假~	jià		1-4
	过季	guòjì	动	5-课文		减肥	jiǎnféi	动	2-3(练)
	过时	guòshí	形	9-2		简直	jiǎnzhí	副	12-4
	过意不去	guòyì bú qù		11-4		见面	jiànmiàn	动	1-课文
						见识	jiànshi	动/名	11-课文
H	害怕	hàipà	动	7-3		建	jiàn	动	9-2; 10-2
	寒假	hánjià	名	12-1		建筑	jiànzhù	名	9-3(练)
	好处	hǎochù	名	6-2		健身	jiànshēn	名/动	7-2
	好事多磨	hǎoshì-duōmó		8-课文		健身房	jiànshēnfáng	名	7-2
	合	hé	动	2-课文		渐渐	jiànjiàn	副	12-课文
	合得来	hédelái		12-2		讲究	jiǎngjiu	动	6-课文
	合适	héshì	形	4-3		叫早	jiàozǎo	动	12-3
	合算	hésuàn	形	9-4		结实	jiēshi	形	2-1(练)
	合同	hétóng	名	9-4		接受	jiēshòu	动	6-课后
	合资	hézī	动	5-课文		节省	jiéshěng	动	6-课文
	盒子	hézi	名	5-课文		节奏	jiézòu	名	6-课文
	后悔	hòuhuǐ	动	9-课文		结账	jiézhàng	动	5-2
	湖	hú	名	9-1		解决	jiějué	动	4-2
	花瓶	huāpíng	名	3-1		介绍	jièshào	动	1-综(练)
	滑	huá	形/动	10-4		紧	jǐn	形	5-课文
	滑雪	huáxuě	动	12-1		尽量	jǐnliàng	副	8-3
	欢迎	huānyíng	动	1-1		进步	jìnbù	动	10-3
	换乘	huànchéng	动	10-课文		进口	jìnkǒu	动	5-2
	荤	hūn	名	6-2		经济	jīngjì	形	6-4
	活泼	huópō	形	2-3		经理	jīnglǐ	名	11-1
	伙伴	huǒbàn	名	2-2		经历	jīnglì	名	2-综(练)
						经历	jīnglì	名	9-课文
J	机会	jīhuì	名	7-1		经验	jīngyàn	名	12-4
	激光	jīguāng	名	11-2(练)		精装修	jīng zhuāngxiū		9-综(练)
	激烈	jīliè	形	7-3		景点	jǐngdiǎn	名	12-2
	吉利	jílì	形	11-课文		竟然	jìngrán	副	9-3
	即使	jíshǐ	连	11-4		旧	jiù	形	5-4
	急救	jíjiù	动	12-课文		救	jiù	动	2-2(练)
	集	jí	量	4-2(练)		举行	jǔxíng	动	1-4

	剧本	jùběn	名	8-综(练)		留	liú	动	4-1
	据说	jùshuō	动	12-1		流行	liúxíng	形	4-课文
	距离	jùlí	名	9-课文		路线	lùxiàn	名	10-课文
	聚	jù	动	4-3		乱	luàn	形	3-4
	卷	juǎn	动	2-1		驴友	lǘyǒu	名	12-课文
	卷发	juǎnfà	名	2-1					
	决定	juédìng	名/动	5-4	M	麻烦	máfan	动/名	4-1
	绝对	juéduì	副	8-课文		马虎	mǎhu	形	5-3
						马马虎虎	mǎmǎhūhū	形	5-3
K	开玩笑	kāi wánxiào		1-2		满头大汗	mǎn tóu dà hàn		7-课文
	看花眼	kàn huā yǎn		5-课文		美食	měishí	名	6-2
	考虑	kǎolǜ	动	9-3		迷	mí	动	7-3
	咳嗽	késou	动	5-1(练)		~迷	mí		10-2
	可靠	kěkào	形	8-课文		密码	mìmǎ	名	10-1
	可怜	kělián	形	7-3		免费	miǎnfèi	动	5-课文
	可惜	kěxī	形	6-2		面积	miànjī	名	9-1
	客户	kèhù	名	11-4		面试	miànshì	名	1-1
	客厅	kètīng	名	3-1		苗条	miáotiao	形	2-1
	肯	kěn	动	9-1		民居	mínjū	名	12-3
	口味	kǒuwèi	名	6-3		明亮	míngliàng	形	3-课文
	酷	kù	形	3-4		明星	míngxīng	名	3-3
	快餐	kuàicān	名	6-3		模糊	móhu	形	8-1
	快餐店	kuàicān diàn	名	6-3		目的	mùdì	名	1-2
	快捷酒店	kuàijié jiǔdiàn		12-3					
	宽敞	kuānchang	形	3-课文	N	耐心	nàixīn	形	11-课文
	款	kuǎn	名	5-2		闹	nào	动	10-4
	框	kuàng	名	2-2		内	nèi	名	5-课文
						内容	nèiróng	名	10-课文
L	垃圾	lājī	名/形	6-3		年龄	niánlíng	名	2-课文
	来回	láihuí	副	4-2					
	懒	lǎn	形	6-4	P	拍	pāi	动	8-3
	乐趣	lèqù	名	4-课文		牌子	páizi	名	5-2
	了解	liǎojiě	动	1-2		陪	péi	动	5-课文
	礼品	lǐpǐn	名	11-课文		佩服	pèifú	动	12-4
	礼品店	lǐpǐn diàn	名	11-课文		批准	pīzhǔn	动	1-4(练)
	礼尚往来	lǐshàng wǎnglái		11-课文		皮肤	pífū	名	2-2
	立交桥	lìjiāoqiáo	名	9-课文		骗	piàn	动	10-3
	联系	liánxì	动	4-3		拼	pīn	动	10-课文
	淋	lín	动	7-1(练)		品尝	pǐncháng	动	12-课文
	领导	lǐngdǎo	名	11-1		平常	píngcháng	名/形	7-2
	另外	lìngwài	连	3-3		平均	píngjūn	动	12-1

239

	平时	píngshí	名	7-课文		上市	shàngshì	动	5-1
	破	pò	形/动	6-1(练)		少数民族	shǎoshù mínzú	名	12-1
	破费	pòfèi	动	11-4		设	shè	动	10-1
						摄影	shèyǐng	动	8-课文
Q	齐全	qíquán	形	3-课文		身材	shēncái	名	2-1
	其实	qíshí	副	8-2		深	shēn	形	5-3
	其他	qítā	代	3-课文		生动	shēngdòng	形	3-课文
	奇怪	qíguài	形	1-2(练)		生命	shēngmìng	名	7-4
	起码	qǐmǎ	副	10-课文		生命在于运动			
	气候	qìhòu	名	12-1			shēngmìng zàiyú yùndòng		7-4
	千金难买	qiān jīn nán mǎi		8-综(练)		剩	shèng	动	4-课文
	签	qiān	动	9-4		实际上	shíjìshang		8-课文(练)
	签证	qiānzhèng	名	1-4		实在	shízài	副	8-3
	敲	qiāo	动	2-课文		食品	shípǐn	名	6-3
	亲戚	qīnqi	名	11-课文		食堂	shítáng	名	6-1
	轻	qīng	形	5-课文		市场	shìchǎng	名	5-1
	轻松	qīngsōng	形	7-2		市长	shìzhǎng	名	11-1
	清淡	qīngdàn	形	6-1		~式	shì		6-3
	情意	qíngyì	名	11-3课文(练)		~室	shì		3-1
	请假	qǐngjià	动	1-4		适合	shìhé	动	5-2
	请假条	qǐngjià tiáo	名	1-4		收拾	shōushi	动	3-课文
	请柬	qǐngjiǎn	名	11-1		收银台	shōuyíntái	名	5-课文
	请客	qǐngkè	动	6-2		~手	shǒu		10-2
	庆典	qìngdiǎn	名	11-1		手续	shǒuxù	名	1-1
	庆祝	qìngzhù	动	11-课文		受伤	shòushāng	动	7-3
	求婚	qiúhūn	动	7-4(练)		售货员	shòuhuòyuán	名	5-2
	劝	quàn	动	6-4		书皮	shūpí	名	8-2
	缺	quē	动	8-3		输	shū	动	6-2(练)
	确认	quèrèn	动	11-1		熟悉	shúxī	动	11-2
						刷卡	shuākǎ		5-2
R	然后	ránhòu	连	1-1		摔	shuāi	动	6-1(练)
	让	ràng	动	4-3		帅	shuài	形	2-3
	扔	rēng	动	10-3(练)		双面	shuāng miàn		8-2
	日志	rìzhì	名	10-综(练)		爽	shuǎng	形	3-课文
	如果	rúguǒ	连	1-4		顺便	shùnbiàn	副	8-1
	软	ruǎn	形	3-2		说大话	shuō dàhuà		10-4(练)
						说服	shuōfú	动	7-4
S	晒	shài	动	3-2		四季如春	sìjì rú chūn		12-1
	商场	shāngchǎng	名	5-1(练)		搜	sōu	动	12-2
	商量	shāngliang	动	9-3		俗话	súhuà	名	6-课文
	上班	shàng bān	动	1-4(练)		素	sù	名	6-2

	词	拼音	词性	课次		词	拼音	词性	课次
	速度	sùdù	名	4-2		外向	wàixiàng	形	2-3
	算	suàn	动	12-2		弯	wān	形	2-1(练)
	算了	suàn le		5-1		完全	wánquán	副	10-4
	虽然	suīrán	连	1-3		网吧	wǎngbā	名	8-课文
	随便	suíbiàn	形	3-4		网络	wǎngluò	名	4-2
	缩	suō	动	8-2		网迷	wǎngmí	名	10-2
	所	suǒ	量	3-4		网速	wǎngsù	名	4-2
						网站	wǎngzhàn	名	10-2
T	弹	tán	动	7-1		旺季	wàngjì	名	12-3
	态度	tàidu	名	5-3		危险	wēixiǎn	形	10-3
	摊儿	tānr	名	6-4		违法	wéi fǎ	动	9-3(练)
	糖果	tángguǒ	名	11-课文		为了	wèile	介	1-2
	躺	tǎng	动	3-2		卫生	wèishēng	形/名	6-4
	讨价还价	tǎojià-huánjià		5-1		胃口	wèikǒu	名	6-课文
	套	tào	量	3-1		温柔	wēnróu	形	2-1
	套餐	tàocān	名	4-4(练)		卧室	wòshì	名	3-1
	特色	tèsè	名	6-1		~舞	wǔ		7-课文
	提高	tígāo	动	2-课文		勿	wù	副	9-综(练)
	体会	tǐhuì	动/名	8-课文					
	体验	tǐyàn	动	10-3(练)	X	西方	xīfāng	名	2-课文
	体验	tǐyàn	动/名	12-1		西式	xīshì	区	6-3
	添	tiān	动	4-1		习惯	xíguàn	动/名	1-3
	甜	tián	形	2-3		洗	xǐ	动	8-1
	填表	tián biǎo		1-1		洗漱	xǐshù	动	12-3
	~条	tiáo		1-4		喜庆	xǐqìng	形	11-课文
	条件	tiáojiàn	名	9-3		~系	xì		1-课文
	贴	tiē	动	2-课文		下饭	xiàfàn	形	6-1
	~厅	tīng	名	3-1		下载	xiàzài	动	4-2
	听说	tīngshuō	动	1-4		显得	xiǎnde	动	5-3
	停车场	tíngchēchǎng	名	3-4		显示	xiǎnshì	动	10-课文
	停电	tíng diàn		4-综(练)		现金	xiànjīn	名	5-2
	通	tōng	动	4-1		馅儿	xiànr	名	8-1(练)
	通知	tōngzhī	名/动	1-4		相处	xiāngchǔ	动	2-3
	同意	tóngyì	动	1-课文(练)		相反	xiāngfǎn	形	6-2
	痛快	tòngkuài	形	7-课文		相信	xiāngxìn	动	6-课文
	头儿	tóur	名	11-2		享受	xiǎngshòu	动/形	3-2
	图像	túxiàng	名	8-1		响	xiǎng	动	4-1
	徒步	túbù	副	12-课文		像	xiàng	动	12-2
	团购	tuángòu	动	10-1		相纸	xiàngzhǐ	名	8-1
	推荐	tuījiàn	动	12-1		小吃	xiǎochī	名	6-4
						小区	xiǎoqū	形	3-4
W	外卖	wàimài	名	6-1					

241

笑话	xiàohuà	名	10-4		愉快	yúkuài	形	11-4
笑容	xiàoróng	名	2-3		语言	yǔyán	名	2-2
心意	xīnyì	名	11-4		羽绒服	yǔróngfú	名	12-1(练)
辛苦	xīnkǔ	动/形	4-课文		遇见	yùjiàn	动	4-3
欣赏	xīnshǎng	动	12-课文		~员	yuán		2-2；5-2
新鲜	xīnxiān	形	5-1		原来	yuánlái	副	7-课文
信息	xìnxī	名	10-2		原谅	yuánliàng	动	9-1(练)
~星	xīng	名	2-3		原因	yuányīn	名	6-3
兴趣	xìngqù	名	1-2		愿意	yuànyì	动	9-1
幸亏	xìngkuī	副	12-4		约	yuē	动	4-3
幸运	xìngyùn	形	10-课文					
性格	xìnggé	名	2-1	Z	在线	zàixiàn	动	10-4
修	xiū	动	4-3		在意	zàiyì	动	11-课文
选	xuǎn	动	1-2		攒	zǎn	动	12-课文
选修	xuǎnxiū	动	1-2		脏	zāng	形	3-4
学费	xuéfèi	名	1-1		糟糕	zāogāo	形	8-4
学历	xuélì	名	2-综(练)		炸	zhá	动	6-1
学生证	xuésheng zhèng	名	1-1		摘	zhāi	动	3-综(练)
					长	zhǎng	动	2-1
Y	沿着	yánzhe	介	9-1	~长	zhǎng		11-1
养	yǎng	动	9-2		长相	zhǎngxiàng	名	2-1(练)
养成	yǎng chéng		6-课文		账号	zhànghào	名	10-3
邀请	yāoqǐng	动/名	11-1		招	zhāo	动	11-2
要求	yāoqiú	名/动	2-课文		招待	zhāodài	动	3-课文(练)
药方	yàofāng	名	6-课文		招待	zhāodài	动	11-4
业务	yèwù	名	11-4		招聘	zhāopìn	动	2-综(练)
以便	yǐbiàn	连	12-3		着急	zháojí	形	4-4
以为	yǐwéi	动	2-4		照顾	zhàogù	动	1-3(练)
一般	yìbān	形	2-3		争	zhēng	动	7-课文
意外	yìwài	形	9-3		争取	zhēngqǔ	动	11-3
印象	yìnxiàng	名	3-课文		征婚	zhēng hūn	动	2-综(练)
英寸	yīngcùn	量	5-4		整齐	zhěngqí	形	3-课文
应有尽有	yīngyǒu-jìnyǒu		10-2		~证	zhèng	名	1-1
影响	yǐngxiǎng	名/动	7-3		正好	zhènghǎo	形	2-3
用户名	yònghùmíng	名	10-1		正式	zhèngshì	形	11-1
用具	yòngjù	名	12-3		之间	zhījiān	名	9-课文
优盘	yōupán	名	8-1		直	zhí	副	12-4
幽默	yōumò	形	2-1(练)		直达	zhídá	动	10-课文
尤其	yóuqí	副	7-1		直到	zhídào	动	12-4
邮件	yóujiàn	名	4-2		直接	zhíjiē	副	5-课文
有意思	yǒu yìsi		1-课文		值得	zhídé	动	7-4

职员	zhíyuán	名	2-2
质量	zhìliàng	名	5-2
中国结	Zhōngguójié	名	3-1
中国通	Zhōngguótōng	名	1-课文
中间	zhōngjiān	名	9-1
中介	zhōngjiè	名	9-1
中文系	Zhōngwén xì	名	1-课文
终于	zhōngyú	副	8-课文
重要	zhòngyào	形	1-4
煮	zhǔ	动	6-1
主要	zhǔyào	形	5-4
主意	zhǔyi	名	2-课文
注册	zhùcè	动	10-1
祝福	zhùfú	名	11-课文
祝贺	zhùhè	动	4-1(练)
转告	zhuǎngào	动	4-1
转租	zhuǎnzū	动	9-2
装	zhuāng	动	9-2
装订	zhuāngdìng	动	8-2
装修	zhuāngxiū	动	9-2
撞	zhuàng	动	6-1(练)
准	zhǔn	形	10-4
姿势	zīshì	名	11-课文
资源	zīyuán	名	10-2
仔细	zǐxì	形	3-课文
自从	zìcóng	介	7-1
自驾游	zìjiàyóu	名	12-2
自助	zìzhù	动	12-2
棕色	zōngsè	名	2-1(练)
组	zǔ	动	7-课文
最好	zuìhǎo	副	1-3
最后	zuìhòu	名	1-1
尊敬	zūnjìng	形	1-4(练)
尊敬	zūnjìng	动	11-1
做梦	zuòmèng	动	3-2
作用	zuòyòng	名	7-3(练)

专有名词总表

傣族	Dǎizú	名	12-1
光棍儿节	Guānggùnr Jié	名	9-课文
肯德基	Kěndéjī	名	6-3
辣炸鸡翅	làzhá jīchì	名	6-1
兰香园	Lánxiāng Yuán	名	9-3
雷锋	Léi Fēng	名	11-2
麦当劳	Màidāngláo	名	6-3
美洲	Měizhōu	名	12-课文
水煮牛肉	shuǐzhǔ niúròu	名	6-1
微博	wēibó	名	4-课文
微信	wēixìn	名	4-课文
西双版纳	Xīshuāngbǎnnà	名	12-1